Reinhold Ruthe
Krankheiten –
Signale der Seele

Reinhold Ruthe

Krankheiten –
Signale der Seele

Hilfen für den ganzen Menschen

Brendow Buch
Kunst
Verlag

Die Deutsche Bibliothek – CIP-Einheitsaufnahme

Ruthe, Reinhold:
Krankheiten – Signale der Seele : Hilfen für den
ganzen Menschen / Reinhold Ruthe. – 2. Aufl. – Moers : Brendow, 1993
  (Edition C ; M ; 184)
  ISBN 3-87067-504-7
NE: Edition C / M

2. Auflage 1993
ISBN 3-87067-504-7
Edition C, Reihe M 184
© 1993 by Brendow Verlag, D-47443 Moers
Einbandgestaltung: Kommunikationsdesign Michael Buttgereit,
Haltern am See
Printed in Germany

Inhalt

Vorwort

Der Mensch ist ein unteilbares Ganzes. Seele und Körper sind miteinander verschmolzen. Kein Glied funktioniert selbständig. Alle Teile sind miteinander durch Nerven, Blutbahnen, Empfangs- und Sendestationen verbunden.

In Verkündigung, Therapie und Seelsorge muß dieser Tatsache Rechnung getragen werden. Dieses Buch will zeigen: Gott will den *ganzen* Menschen heilen. Nicht eine leiblose Seele, die irgendwo versteckt im Körper haust, braucht Heilung, sondern die Seele, die den leibhaftigen Menschen vom Scheitel bis zur Sohle ausmacht, will von Christus geheilt werden.

Die neueste Langzeitstudie über psychische Krankheiten, die 1992 von der Forschergruppe um den Psychiatrieprofessor Fichtel veröffentlicht wurde, bestätigt:

... Jeder fünfte Mensch in der (alten) Bundesrepublik leidet unter einer psychischen Erkrankung;

... die Krankheitsanfälligkeit von Frauen und Männern hat sich im Laufe der letzten Jahre angeglichen;

... besonders Männer wenden sich ungern an einen Psychotherapeuten oder an eine Selbsthilfegruppe;

... Menschen über 65 Jahre haben die geringsten Kenntnisse über fachkundige Hilfe;

... die Erkrankungsrate für Schizophrenie, Alters- und angeborenen Schwachsinn ist nahezu gleichgeblieben;

... die neurotischen und psychosomatischen Störungen haben erheblich zugenommen.

Viele Leiden und psycho-vegetativen Regulationsstörungen überfallen uns nicht einfach, sondern setzen eine längere Leidensgeschichte voraus. Härte, Einsamkeit, Angst, Enttäuschung, Schuld, Ehrgeiz, Eifersucht und Mißtrauen bahnen späteren Leiden den Weg.

Was setzt den Körper unter Druck, daß er mit Organstörungen reagiert? Spannungen, Erregungen und Ängste werden zu Tyrannen, die den Körper bedrängen und schwache Organe beeinträchtigen.

Was will der Kranke mit seinen Symptomen den Angehörigen und der Umwelt sagen? Seelische Störungen und Fehlanpassungen geschehen nicht blindlings, sie können auch unbewußt *arrangiert* werden. Geheime Wünsche und Vorstellungen können sie hervorbringen. Eine Krankheit ist eine Mitteilung. Wir wollen sie nicht in erster Linie bekämpfen, wir sollen sie in erster Linie *verstehen*.

Flieht der Mensch in die Krankheit?

Weicht der Mensch den Anforderungen des Lebens aus?

Benutzt er die Symptome als Mittel zum Zweck?

Pflegt er die Krankheitssymptome, um Aufmerksamkeit zu erlangen?

Therapeutische Seelsorge versucht, den Menschen im Lichte des Wortes Gottes zu verstehen. Das heißt unter anderem: Wir *haben* keine Krankheiten, wie wir Haare auf dem Kopf haben, wir *sind* krank. Krankheiten deuten (fälschlicherweise) auf eine bestimmte Stelle im Körper hin, Kranksein meint den ganzen Menschen, der heil- und heilungsbedürftig ist.

Therapeutische Seelsorge ersetzt nicht den Arzt. Die medizinische Versorgung muß bei allen ernsthaften Funktionsstörungen beachtet werden.

Therapeutische Seelsorge
- will falsche Lebensgrundüberzeugungen aufdecken,
- will ungeistliche Motive und Sünden ins Licht heben,
- will alternative Lebenseinstellungen vermitteln,
- will Lebenslügen und Selbstbetrug des Ratsuchenden zur Sprache bringen,
- will die Maßstäbe der Bibel und Gottes Willen aufzeigen.

I. Wie geht der Mensch mit Problemen um?

Entstehung von Konflikten und ihre Verarbeitung

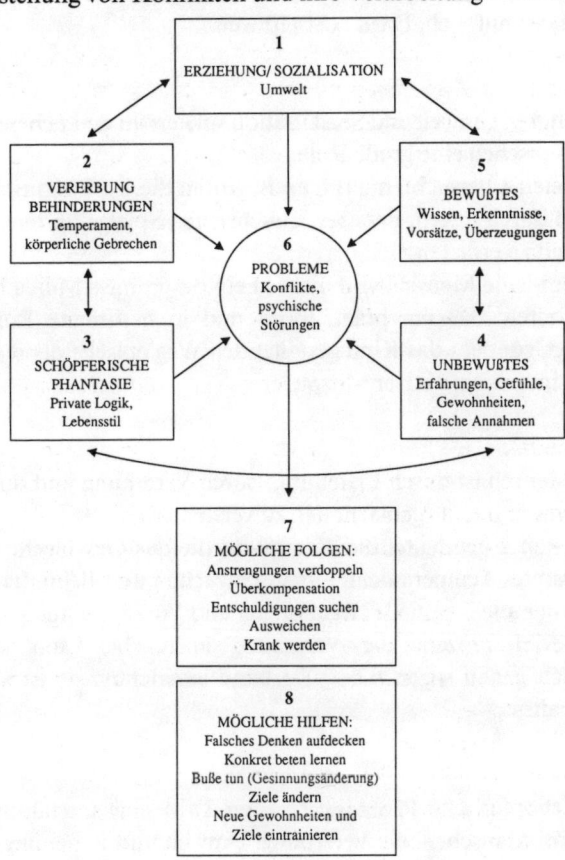

1
ERZIEHUNG/ SOZIALISATION
Umwelt

2
VERERBUNG
BEHINDERUNGEN
Temperament,
körperliche Gebrechen

5
BEWUßTES
Wissen, Erkenntnisse,
Vorsätze, Überzeugungen

6
PROBLEME
Konflikte,
psychische
Störungen

3
SCHÖPFERISCHE
PHANTASIE
Private Logik,
Lebensstil

4
UNBEWUßTES
Erfahrungen, Gefühle,
Gewohnheiten,
falsche Annahmen

7
MÖGLICHE FOLGEN:
Anstrengungen verdoppeln
Überkompensation
Entschuldigungen suchen
Ausweichen
Krank werden

8
MÖGLICHE HILFEN:
Falsches Denken aufdecken
Konkret beten lernen
Buße tun (Gesinnungsänderung)
Ziele ändern
Neue Gewohnheiten und
Ziele eintrainieren

Acht Hinweise zum Verständnis

Diese Graphik ist der Versuch, das komplizierte Zusammenspiel der wesentlichen Faktoren zu erfassen, die den Menschen kennzeichnen. Für Beratung und Seelsorge ist eine gründliche Diagnose hilfreich. Dazu acht Hinweise.

Hinweis 1:
Erziehung, Umwelt und Sozialisation spielen für den Lebensstil des Menschen eine große Rolle.

Kasten 1 versucht, mit diesen Begriffen die Einwirkung von außen durch Eltern, Erzieher, Geschwister, Spielgefährten und Medien zu erfassen.

Der kleine Mensch wird nicht in ein bestimmtes Milieu hineingeboren, das ihn prägt, formt und in bestimmte Rollen zwängt, sondern das Kind gestaltet den Weg entscheidend mit. Es ist immer ein aktiver Mitspieler.

Hinweis 2:
Der Mensch ist durch Erziehung, durch Vererbung und durch das, was er daraus gemacht hat, zu verstehen.

Kasten 2 beinhaltet die *Vererbung*, die das Geschlecht, ein bestimmtes Temperament, Organschwächen und Behinderungen, aber auch spezielle Begabungen und Vorzüge enthält.

Wieviel Prozent die Vererbung ausmacht, kann kein Mensch genau sagen. Die Vererbung ist wichtig, sie ist aber nicht alles.

Hinweis 3:
Die schöpferische Phantasie (Kasten 3) ist eine Gestaltungskraft im Menschen, die Vererbung, Umwelt und Erziehung als *Baumaterial* benutzt, um daraus einen eigenen Lebensstil zu entwerfen.

Das menschliche Leben ist zielgerichtet. Die schöpferische Kraft des Kindes verarbeitet und beantwortet alle Herausforderungen, lernt aus Versuch und Irrtum und entscheidet sich für Lebensgrundüberzeugungen, mit denen sie die Zukunft plant.

Der Lebensstil (Kasten 3) ist also eine Schöpfung des Kindes selbst. Er beinhaltet die Leitmotive des Denkens, Fühlens, Wollens, Lebens und Liebens. Der Lebensstil faßt die Verhaltensmuster, die Gewohnheiten, die Charakterstruktur und alle Persönlichkeitsmerkmale zusammen und drückt sie aus.

Im Lebensstil ist auch der christliche Glaube eingebunden, der durch Erziehung, gläubige Eltern, Sonntagsschule und andere christliche Impulse geweckt und durch den Heiligen Geist zum Durchbruch kommen kann.

Hinweis 4:
Im Lebensstil sind Bewußtes und Unbewußtes (Kasten 4 und 5) eingebunden. Es handelt sich *nicht* um zwei geteilte Bereiche, die gegenläufige Ziele verfolgen. Die Interessen im bewußten und im unbewußten Bereich laufen parallel. Der Lebensstil, der die Einheit der Persönlichkeit verkörpert, spricht durch Bewußtes und Unbewußtes.

Da wir Menschen mehr, als uns lieb ist, vom Unbewußten gesteuert werden, spielen unerkannte Wünsche, erkannte Bedürfnisse, versteckte Absichten und sündhafte Phantasien eine große Rolle.

Die Bibel spricht schlicht und eindrücklich: „Denn aus dem Herzen (aus der Tiefe unserer Persönlichkeit, d. Vf.) kommen böse Gedanken und mit ihnen Mord, Ehebruch, Unzucht, Diebstahl, Verleumdung und Beleidigungen" (Mt 15,19). Es sind unverstandene Regungen unserer Persönlichkeit, die wir nicht wahrhaben wollen, und doch sind sie untrennbar mit den Leitmotiven unseres Selbst verknüpft.

Da der Lebensstil jedes Menschen auch sündhafte Gedanken und Wünsche miteinschließt (Menschen sind Sünder), kann der Teufel sowohl unsere bewußten als auch unsere unbewußten Ziele benutzen, um uns zu schaden.

Hinweis 5:

Wenn der Mensch durch den Heiligen Geist zum Glauben an Christus kommt, spiegelt der christliche Glaube in allen Äußerungsformen des Lebens den Lebensstil des Menschen wider. Der Glaube ist immer auch Spiegelbild *dieses* Menschen, mit *diesen* Wertvorstellungen, mit *diesen* Verhaltensmustern, mit *diesen* Angewohnheiten, Schwächen und Stärken.

Alle Erfahrungen des bisherigen Lebens (positive und negative Erlebnisse der Vergangenheit, gute oder schlechte Beziehungen zu Eltern und Geschwistern) hat der Heranwachsende kreativ verarbeitet und in seinen Lebensstil eingebaut.

Da wir Menschen Sünder sind und irren können, werden auch destruktive Verhaltensmuster, irrige und böse Strategien zur Meisterung des Lebens eingebaut. Im Zusammenspiel mit den genannten Faktoren können Störungen und Krankheiten auftreten.

Hinweis 6:

Die Graphik macht deutlich, daß Probleme, Konflikte und psychische Störungen (Kasten 6) in der Regel nicht nur *eine* Ursache haben, sondern daß die Inhalte in den Kästen sich wechselseitig beeinflussen.

Ein kompliziertes Zusammenspiel, das machen die Pfeile deutlich, ergibt die körperlichen und seelischen Schwierigkeiten im Menschen.

Wir dürfen daher auch nicht *einseitig* von Glaubensstörungen, *einseitig* von Erziehungsproblemen, *einseitig* von Körperkrankheiten usw. sprechen.

Der *ganze* Mensch wird jeweils in Mitleidenschaft gezogen. Und unser Herr will, daß der *ganze* Mensch Heil und Heilung erfährt.

Hinweis 7:

Was macht der Mensch, wenn er psychische Probleme und psychosomatische Krankheiten aufweist? (Kasten 7) Es gibt unzählige Wege und Strategien, die er benutzt, um damit fertig zu werden – konstruktive und destruktive, geistliche und ungeistliche.

Der Lebensstil (also die Summe seiner Lebensgrundüberzeugungen, die der Mensch sich zugelegt hat) verrät, wie er das Leben meistert, ob er aktive oder passive, glaubensgemäße oder glaubensverneinende Muster benutzt:

Er kann seine Anstrengungen verdoppeln, seinen Ehrgeiz steigern und gegen die Symptome ankämpfen.

Er kann sie verleugnen, verdrängen und überspielen.

Er kann sich herausreden und Entschuldigungen suchen, um vor Menschen und vor Gott bestehen zu können.

Er kann in Krankheiten fliehen, in körperliche und seelische Zusammenbrüche, die er unbewußt herbeigeführt hat.

Hinweis 8:

Der Christ kann (Kasten 8) seinen Lebensstil unter die Lupe nehmen, um vor Gott seine irrigen Ziele und sündhaften Fehlverhaltensmuster kennenzulernen.

Das Gebet „Herr, was willst du, das ich tun soll?" oder die Bitte im Sinne des Psalmbeters: „Durchforsche mich, Gott, sieh mir ins Herz, prüfe meine Wünsche und Gedanken! Und wenn ich in Gefahr bin, mich von dir zu entfernen, dann bring mich zurück auf den Weg zu dir" (vgl. Ps 139,23 + 24) sind hilfreiche Anstöße, eine gründliche Selbsterforschung zu betreiben, die ungeistliche Motive und eine falsche Gesinnung offenbaren.

Oft ist ein Seelsorger notwendig, der die blinden Flecken des Betroffenen erkennt, den fehlerhaften Lebensstil des Ratsuchenden deutet und eine Gesinnungsänderung (Buße) in die Wege leiten kann.

Ständig erliegen wir der Gefahr, daß wir uns selbst belügen und unsere störenden Symptome bagatellisieren oder verdrängen. Ein therapeutischer Berater kann dies aufdecken. Die Gesinnungsänderung ist ein Geschenk des Heiligen Geistes. Wenn wir sie ernsthaft *wollen.*

„Laßt euch vielmehr im Innern von Gott umwandeln. Laßt euch eine neue Gesinnung schenken, dann könnt ihr erkennen, was Gott von euch will. Ihr wißt dann, was gut und böse ist und was Gott gefällt" (Röm 12,2).

II. Seele meint den ganzen Menschen

Adam und Eva und alle Kinder und Kindeskinder, die nach ihnen geboren wurden, *sind Seelen*. Nicht der Mensch *hat* eine Seele, der Mensch *ist* eine Seele. Ein Auto kann ich *haben*, eine Uhr und einen Fernseher. Seele *ist* man. Leib und Seele sind nur verschiedene Aspekte des einen Menschen. Es gibt kein Lebendigsein ohne den Leib. Man kann nicht den Leib von der Ganzheit des Menschen abheben, um die „reinen Teile", also Geist und Seele zurückzubehalten.

Mensch sein heißt *Leib sein*,
Mensch sein heißt *Seele sein*,
Mensch sein heißt *Geist sein*.

In der Schöpfungsgeschichte heißt es unmißverständlich: „Und Gott der Herr machte den Menschen aus einem Erdenkloß, und er blies ihm ein den lebendigen Odem in seine Nase. Und also ward der Mensch eine lebendige Seele" (1 Mose 2,7).
    Was heißt das?

... Der lebendige Odem wurde dem Menschen nicht in einen bestimmten Körperteil hineingehaucht,
... die Seele sitzt nicht in einem unerklärlichen Teil unserer Persönlichkeit,
... das neue Wesen, der Mensch, ist die lebendige Seele, und zwar vom Scheitel bis zur Sohle.

Nicht umsonst spricht das Alte Testament von Seelen, wenn sie Menschen meint. Die alte Luther-Übersetzung formuliert: „Und Gott sprach, das ist ein Zeichen des Bundes, den ich ge-

schlossen habe zwischen uns und allen lebendigen Seelen . . ."
(1 Mose 9,12).

Und dieser ganzheitliche Begriff hat sich bis in unsere Zeit
hinein erhalten. Wir sagen: Der Ort hat 300 Seelen. Selbstverständlich ist hier nicht von körperlosen Wesen die Rede, sondern von Menschen aus Fleisch und Blut.

Die Bibel kennt keinen Dualismus von Leib und Seele. Bei-
des gehört zusammen, denn körperliche Krankheiten werden
hier stets auch als Störungen der Seele verstanden, als Folge der
Heillosigkeit der Welt.

Der Begriff „Seele" (hebräisch = nefesch, griechisch = psyche) bezieht sich in der Bibel stets auf den ganzen Menschen, in
allen Aspekten seines Lebens.

„Denn wer sein Leben (psyche) retten will, wird es verlieren . . ." (Mt 16,25).

1. Die Seele in Sprichwörtern

Der Mensch wird in seinem Seele-sein von unterschiedlichen
Gefühlen bewegt. Er wird
– von *Verzweiflung* gequält,
– von *Trauer* niedergedrückt,
– von *Haß* überwältigt,
– von *Ehrgeiz* heimgesucht,
– von *Freude* übermannt und
– von *Wut und Zorn* angestachelt.

Im Denken, Fühlen und Handeln reagiert der Mensch in und
mit allen Gliedern. Das Seelenleben spielt in unserer Umgangs-
sprache eine große Rolle. Seelisches wird in Sprichwörtern und
Alltagsformulierungen gekennzeichnet. Viele Redensarten
bringen unser Seele-sein zur Sprache:

„Er hat seine Seele ausgehaucht."

„Nun hat die liebe Seele ihre Ruhe."

„Er hat seine Seele dem Teufel verschrieben."

18

„Zwei Menschen sind ein Herz und eine Seele."
„Das ist eine Seele von Mensch."
„Er hat mir das auf die Seele gebunden."
„Der Matrose hat auf einem ‚Seelenverkäufer' angeheuert."
„Jemand hat eine durstige Seele."
„Das ist ein seelenloser Mensch."
„Alkohol ist ein gefährlicher Seelentröster."
„Der Ort hat 300 Seelen."
„Lobe den Herrn, meine Seele!"

2. Seelisch krank?

Es ist heutzutage üblich, von seelisch bedingten Störungen und Krankheiten zu sprechen. Wir hören:
„Das ist typisch seelisch!"
„Ganz eindeutig psychisch."
„Der Mann oder die Frau sind seelisch krank."

Wenn wir nach biblischem Maßstab den Menschen jedoch ganzheitlich sehen, sind solche Bezeichnungen irreführend. In Wirklichkeit ist es nicht möglich, zwischen seelischen und körperlichen, zwischen psychischen und somatischen Symptomen eine klare Trennungslinie zu ziehen. Schlichte Beispiele machen das deutlich.

Wenn Sie Angst haben, und Angst ist in erster Linie ein sogenanntes „psychisches Symptom", dann reagiert der gesamte Organismus. Frederic Vester beschreibt in einem seiner Bücher, welche Reaktionen Angst hervorruft: „Eine Assistentin hatte sich für ein Experiment zur Verfügung gestellt. Sie wußte nicht, was ihr ‚blühte'. Das Studio war verdunkelt, und sie wurde in einen typischen Angstzustand versetzt. Die körperliche Folge der Reaktion wurde gemessen. Sie war an ein EKG angeschlossen, der Blutdruck wurde kontrolliert, und der Effekt der Nebennieren auf Herz und Kreislauf auf einem Schreiber registriert. Die Fettwerte des Blutes in der Angstreaktion wurden mit Kontroll-Blutproben verglichen. Von der Decke ließ man im zunächst verdunkelten Raum eine lebende Riesenkrabbe von den Karibischen Inseln, an einem Stahldraht befestigt, herunter. Ein aufgeblendeter Scheinwerfer machte das Tier sichtbar. Die Assistentin schrie wie am Spieß. Sie hatte so ein Tier noch nie in ihrem Leben gesehen. Auf dem Meßstreifen wurde der Schock der Frau markiert. Die Gehirnwellen änderten sich schlagartig. Der Herzschlag hatte sich nach dem Schock radikal verändert. Der Puls war beschleunigt. Der Blutdruck war in kurzer Zeit von 120 zu 60 auf 180 zu 100 angestiegen. Die Adrenalinausschüttung durch die Nebennieren, die ebenfalls durch die Schockreaktion in Gang gesetzt wurde, bewirkte den Anstieg des Fettsäuregehaltes um 24%. Der Hautwiderstand war abgesunken, und eine erhebliche Schweißabsonderung hatte durch die Angstzustände stattgefunden.

Deutlich wird: Jede seelische Reaktion wie Angst, Wut und Depressionen äußert sich über den Körper."[1]

Ein zweites eindrucksvolles Beispiel, das Erwartungsängste spiegelt, las ich bei Elisabeth Lukas, einer Frankl-Schülerin.

„Im großen Stil wurden derartige gefährliche Erwartungsphänomene u. a. von dem israelischen Arzt Paul Schuger untersucht, der über ein Vorkommnis in Westjordanien zu berichten weiß, welches sogar die Weltgesundheitsorganisation in Genf beschäftigt hat. Begonnen hatte es damit, daß zwei Mädchen in einer Schule in Ohnmacht fielen. Irgend jemand gab daraufhin das unheilvolle Gerücht raus, das Trinkwasser sei vergiftet. Binnen weniger Tage mußten 946 Mädchen aus dieser Schule wegen Übelkeit und Leibschmerzen in Krankenhäuser eingeliefert werden, wo die Blut- und Urintests ergaben, daß sie kerngesund waren. Die Erwartung der Krankheit allein hatte genügt, die dazugehörigen Beschwerden zu erzeugen, obwohl das Trinkwasser tadellos war."[2]

Beide Beispiele zeigen, wie irreführend die Begriffe „psychisch krank" oder „somatisch krank" sind. Leib und Seele sind untrennbar miteinander vereint. Wir dürfen sie uns nicht als abgrenzbare Bereiche vorstellen.

3. Viele Krankheiten sind „nur" Symptome

Diese Überschrift ist für viele Ärzte eine Herausforderung. Sie behandeln nach ihrer Vorstellung nicht Symptome, sondern Krankheiten. Ihr Wissen ist so spezialisiert, daß sie die verschiedenen Krankheits*symptome* glänzend klassifizieren können. Aber mit den unzähligen Krankheiten haben wir *die* Krankheit des Menschen aus den Augen verloren. Krankheitssymptome sind in der Regel nicht die Krankheit selbst. Was sind Krankheitssymptome?

– Symptome sind Signale, die der Organismus aussendet;
– Symptome sind Kontrollämpchen, die aufleuchten und anzeigen, daß etwas fehlt;
– Symptome sind Anzeichen für eine tiefliegende Störung;
– Symptome sind Hinweise, unseren Lebensstil zu hinterfragen;
– Symptome sind Alarmzeichen, die die Persönlichkeit als Ganzes herausfordern;
– Symptome sind der sichtbare Ausdruck eines unsichtbaren Prozesses;
– Symptome können Denkzettel Gottes sein, unser Un-heil zu bedenken;
– Symptome sollen darum nicht verhindert, sondern verstanden werden.

Der Mensch will sich nicht stören lassen. Darum beginnt er, das Symptom zu bekämpfen. Ein gutes Beispiel dafür ist das *Fieber*. Es ist die Notwehrreaktion des Körpers gegen eine Infektion. Wie schnell lassen sich Fieberkranke dazu verleiten, mit starken Antibiotika solche wichtigen Symptome zu unterdrükken. Fieber ist ein Hinweis, daß der Organismus auf Hochtouren läuft, einen feindlichen Angriff niederzuschlagen. Fieber ist eine gesunde Reaktion auf eine tiefsitzende Störung.

Wenn uns Krankheitssymptome befallen, ist es hilfreich, einige konkrete Fragen zu stellen. Symptome sind Herausforderungen Gottes. Wenn nichts in unserem Leben ohne ihn geschieht, dann sind die folgenden Fragen Denkanstöße, die Aufforderung des 139. Psalms ernst zu nehmen:

„Durchforsche mich, Gott, sieh mir ins Herz, prüfe meine Wünsche und Gedanken!

Und wenn ich in Gefahr bin, mich von dir zu entfernen, dann bring mich zurück auf den Weg zu dir" (Ps 139,23 + 24).

4. Fragen zum Nachdenken

Frage 1:
Was geschah beim Auftauchen des Symptoms?
Was geschah zu der Zeit *in* Ihnen? Gab es Probleme, belastende Ereignisse?

Hatten Sie Ärger im Beruf oder in der Familie?

Gab es *äußere* Ereignisse, die Sie beunruhigten und unter Druck setzten?

Mit welchen Schwierigkeiten waren Sie beschäftigt?

Können Sie sich vorstellen, daß diese Begebenheiten mit den Symptomen in Verbindung stehen können?

Frage 2:
Versuchen Sie, die Sprache des Symptoms zu entziffern!
Viele Krankheiten und Funktionsstörungen bringen etwas zur Sprache. Und das ist wörtlich zu verstehen. Unsere Sprache verbalisiert psychosomatische Reaktionen. Sie formuliert psychische Schwierigkeiten und verbindet sie mit körperlichen Begleitsymptomen.

„Was ist Ihnen auf den Magen geschlagen?"

„Ist Ihnen die Galle übergelaufen?"

„Was hat Sie in Wallung gebracht beim Bluthochdruck?"

„Welche Kröten haben Sie schlucken müssen?"

„Wann haben Sie die Nase voll?"

Der Körper drückt oft aus, was der Mensch sich nicht eingestehen und nicht aussprechen will.

Frage 3:

Wozu zwingt uns das Symptom?

Symptome können unsere Unvernunft bremsen. Sie korrigieren Einseitigkeiten und bringen tief verwurzelten Kummer zur Sprache. Sie zwingen uns, kürzer zu treten.

Hier einige Beispiele, an denen das deutlich wird:
– Der Über-Ehrgeizige wird durch Kreislaufstörungen und Herzattacken zur Ruhe gezwungen;
– der Gehetzte muß durch Rheumatismus langsamer treten;
– der Alleinverantwortliche, der unter Migräne leidet und sich den Kopf zerbricht, muß abgeben;
– der Mensch mit einem Hals-Wirbel-Syndrom muß zuviel Verantwortung, die er sich aufgebürdet hat, abwerfen.

Ich denke an eine depressive Frau. Ihre Depression spiegelt eine große Bitterkeit und Wut wider, die sie jahrelang wortlos geschluckt hat.

Ihr Vater, der einen einsam gelegenen kleinen Bauernhof bearbeitet, hat sie immer wieder sexuell mißbraucht und sie unter Todesandrohung zum Schweigen verurteilt. Die Depression als Symptom ist der stumme Schrei eines hilflosen und verzweifelten Menschen.

Das Depressions-Symptom zeigt außerdem, wie problematisch Tabletten sind, wenn die Seele in der Tiefe keine Heilung erfährt. Antidepressiva sind in diesem Falle Symptom-Make-up. Sie verdecken das eigentliche Leid und verschlimmern auf Dauer die Depressionen.

Frage 4:

Was wollen wir mit den Symptomen vermeiden?

Krankheitssymptome können sich einstellen, um unsere unbewußten und unverstandenen Ziele zu realisieren. Sie treten unter Umständen wunschgemäß auf. Es ist, als hätten wir sie herbeigerufen. Folgende Aussprüche sind uns sicher nicht unbekannt:

„Die Grippe kam wie gerufen!"

„Die Infektion meldete sich wie bestellt!"

„Der Unfall nahm mir die Entscheidung ab."

Ich habe lange Zeit eine Ratsuchende betreut, die mit einer hysterischen Blindheit in die Beratung kam. In einem der Gespräche ließ sie unbeabsichtigt den Satz fallen: „Ich war blind vor Wut!"

Ihr Mann ging ständig fremd. Er trieb es mit Angestellten draußen und drinnen. Gemeinsam hatten sie einen Betrieb, der von beiden aufrechterhalten werden mußte. Die Frau kniff immer ihre Augen zu, wenn ihr über die ehebrecherischen Aktivitäten ihres Mannes berichtet wurde. Sie konnte das lieblose Treiben ihres Gatten nicht mehr mit *ansehen.* Mit Leib und Seele wehrte sie sich und „flüchtete" in eine hysterische Blindheit. Im Fachjargon heißt das „Konversions-Neurose", d. h. ein schweres psychisches Problem drückt sich körperlich aus, es konvertiert, es schlägt um ins Organische.

Leib und Seele sind eine Einheit. Denken, Fühlen, Planen, Phantasien, Vorstellungen, Ängste und Befürchtungen spielen sich nicht nur im Kopf ab. Sie haben eine gleitende Beziehung zu allen Gliedern. Kein Teil des gesamten Organismus bleibt ausgespart.

5. Wenn der Arzt mißbraucht wird

Viele Christen „mißbrauchen" den Arzt. Sie kommen mit falschen Erwartungen zu ihm. Woher kommt das? Für ihr christliches Leben gibt es nur eine Priorität: *das Geistliche.* In ihren Augen sind Seelisches und erst recht Körperliches Nebensache. Sie sind tragischerweise mit dem Geistlichen verknüpft, haben aber nichts miteinander zu tun.

Griechisches und heidnisches Denken, das dem christlichen Glauben diametral entgegenläuft, wird immer noch von gut wollenden Christen geglaubt und gelebt.

Der Seelsorger hat es mit Glaubensfragen zu tun und ist kein

Psychotherapeut, dem man seelische Probleme anvertrauen kann.

Der Arzt ist für alle körperlichen Belange zuständig. Spannungen, Gereiztheit, Nervosität, Konzentrationsmangel können mit chemischen Stoffen gemildert und beseitigt werden. So stellen sich viele Christen die verschiedenen Lebensbereiche vor. Mit einem Medikament möchten sie den „Fall" abtun. Mit Pillen möchten sie die Frage nach der Tiefe ihres Un-heil-seins betäuben. Aber lebenswichtige Fragen lassen sich nicht mit Tabletten beantworten. Sie dämpfen, blockieren und unterdrücken existentielle Fragen. An welchen Symptomen wird das deutlich?

Ärger darf nicht mit Medikamenten ausgelöscht werden.

Wir müssen uns fragen,
– was wir mit Ärger ausdrücken,
– was wir mit Ärger bei unseren Mitmenschen anrichten,
– was wir mit Ärger bezwecken wollen.
– Wovor fliehen wir?
– Was schlucken wir?
– Was ist geistlich ungeklärt?

Anfechtungen – wie z. B. Neid, Rechthaberei, Nichtloslassenkönnen, Streit usw. – werden als Glaubensprobleme nicht wahrgenommen. Der Arzt soll die Spannungen mit Tabletten dämpfen. Aber Anfechtungen sind geistliche Symptome, die mit geistlichen Mitteln bearbeitet werden müssen.

Anfechtungen können zu Schlaflosigkeit führen. Sie können panische Ängste und Bluthochdruck verursachen. Da wir unserem Herrn *ganz* gehören, wollen wir uns ihm auch *ganz* zur Erforschung unseres Glaubens und Denkens zur Verfügung stellen.

Konflikte können nicht mit chemischen Substanzen gemildert oder aufgelöst werden. Konflikte spiegeln, wie das Wort sagt, Zusammenstöße im Inneren und im Zwischenmenschlichen wider. Konflikte, die auch Kopf, Kreislauf, Herz, Magen und Darm in Mitleidenschaft ziehen können, müssen *ganzheitlich* bearbeitet werden. Tabletten, die Herz und Kreislauf beruhigen sollen, sind Symptomkosmetik. Konflikte fordern heraus, sich selbst in Frage zu stellen und den eigenen Lebens- und Glaubensstil zu überprüfen. Konflikte beinhalten *Lebens- und Glaubensfragen.* Darum können gezielt einige Fragen lauten:

Will ich mit Konflikten meinen Herrschaftsanspruch in Ehe und Familie demonstrieren?

Will ich mit Konflikten meine Rechthaberei verdeutlichen?

Will ich mit Konflikten mein Gegenüber gefügig machen?

Will ich mit Konflikten meinem Nächsten die Schuld zuschieben?

Schmerzen werden viel zu schnell mit Tabletten zum Schweigen gebracht. Dabei sind Schmerzen lebenswichtige Signale, die uns zeigen, daß mit unserer ganzen Persönlichkeit etwas nicht stimmt. Schmerzen sind kein lokales Problem im Menschen. Sie verraten, daß die Gesamtlebenseinstellung überprüft werden muß. Wie wichtig das ist, lesen wir bei Paulus:

„Wißt ihr nicht, daß euer Körper der Tempel des Heiligen Geistes ist? Gott hat euch seinen Geist gegeben, der jetzt in euch wohnt. Darum gehört ihr nicht mehr euch selbst. Gott hat euch als sein Eigentum erworben. Macht ihm also Ehre durch die Art, wie ihr mit eurem Körper umgeht" (1 Kor 6,19 + 20).

Wie wir mit unserem Leib umgehen, ist keine nebensächliche Frage. Wie wir uns ernähren oder durch Sport den Körper gesund erhalten, das ist eben nicht unser Privatvergnügen. Ob wir unseren Körper pflegen, schonen und in acht nehmen, ist eine Frage der Ehre Gottes. Der Körper ist kein notwendiges Übel, das wir gedankenlos ausbeuten dürfen. Der Heilige Geist wohnt in einem Tempel, und wir haben als Christen kein Recht, ihm eine ungepflegte Notunterkunft zur Verfügung zu stellen.

III. Krankheiten *haben* und krank *sein*

Das ist kein Spiel mit Worten. Die Unterscheidung ist existentiell. Viele Menschen formulieren:

„Die Frau *hat* eine Krankheit";

„der Mann *hat* einen kranken Magen";

„das Kind *hat* eine kranke Lunge";

„der Älteste der Gemeinde *hat* ein krankes Auge";

„der Nachbar *hat* ein krankes Herz."

Wir gehen davon aus, daß eine Krankheit irgendein Organ befällt und damit genau lokalisiert werden kann. Der gesamte übrige Mensch ist gesund, nur eine „faule" Stelle gibt es – wie beim Apfel. Dieses Denken entspricht jedoch nicht dem Bild vom ganzen Menschen.

1. Die Bedeutung des Krankseins

Viele Menschen, auch Christen, suchen die Verursacher von Krankheiten in unglücklichen Umständen, in der Vergiftung der Nahrungsmittel, in der Verschmutzung der Luft und des Wassers, in der übergroßen Lärmbelästigung, im Verkehrs- und vor allem im Arbeitsstreß. Diese Faktoren sind nicht unwichtig, aber wo bleibt unsere persönliche Verantwortung? Wir suchen den Grund *im Körper*, der unerklärlich und geheimnisvoll mit Krankheitssymptomen reagiert.

Wir sprechen von

… Stoffwechselstörungen,

... Hirnanomalien,
... Übersäuerung des Magens,
... Bluthochdruck,
... Nervenentzündungen,
... Verstopfung.

Hinzu kommt, daß die Krankheiten nur unter dem Gesichtspunkt des *Funktionierens* beurteilt werden.

Das Herz *funktioniert* nicht mehr richtig,
die Leber *funktioniert* schlecht,
der Darm *funktioniert* träge,
die Schilddrüse *funktioniert* überstark.

Auch in den Kliniken wird häufig dieser Anschauung Vorschub geleistet. Auf Station 3 liegen die „Magenkranken", auf Station 1 die „Herzkranken", in Zimmer 400 die „Lungenkranken" und am Ende des Flurs die „Hautkranken". Und wie gehen wir mit diesen Symptomen um? Wir gehen zum Arzt und lassen die *Anzeichen* der Krankheit behandeln:
– wir schlucken Tabletten,
– wir streben eine Kur an und lassen unseren Körper therapieren,
– wir stellen die Nahrung um und essen fettärmer,
– wir treiben Sport und gehen schwimmen.

Sind diese Dinge schlecht und abwegig? Nein. Aber es sind *einseitige* Behandlungswege. Die Krankheit soll behoben, das alte Lebenskonzept aber beibehalten werden. Sport und Schwimmen sollen den Körper wieder fit machen, damit beispielsweise der nie endende Ehrgeiz wieder neu befriedigt werden kann.

Wir Christen tun oft so, als hätten Krankheiten nichts mit unseren Lebensgrundüberzeugungen zu tun. Viele sehen auch die Krankheit als Strafe Gottes an. Jesus hat diese „Logik" nicht bestätigt. Selbst seine Jünger waren verunsichert und spiegelten das Denken der damaligen Zeit wider.

„Herr: Hat er (der Blindgeborene) oder haben seine Eltern gesündigt, daß er blind geboren wurde?" (Joh 9,2).

Was Jesus sagt, korrigiert die alttestamentliche Auffassung, daß Krankheit und Not Folgen einer persönlichen oder kollektiven Schuld seien. Jesus stellt klar:

„Weder er noch seine Eltern, es sollten an ihm offenbar werden die Werke Gottes" (Joh 9,3).

Gott straft nicht, sondern er handelt am Menschen. Ein nichtfunktionierender Organismus reagiert gesund und richtig und macht auf das Kranksein des Menschen aufmerksam. Viele Symptome bedeuten, daß im Menschen etwas nicht stimmt, daß er von verkehrten Wegen umkehren muß. Krankheiten und Nöte spiegeln das Unheil des Menschen.

Kranksein ist eine existentielle Frage.

Kranksein offenbart unser ganzheitliches Heilungsbedürfnis. Darum fragt die therapeutische Seelsorge:

„Was will dir dein Leiden aufzeigen?"

„Welche Deutung gibst du deinen Störungen?"

„Weißt du, was dir fehlt?"

Der Theologe und Psychotherapeut Jörg Müller formuliert: „Jede Störung im sozialen, seelischen, körperlichen Bereich muß als normale, sinnvolle Reaktion beachtet werden: als normale Reaktion auf eine abnorme, theologisch gesprochen, sündhafte Aktion. Nehmen wir als Beispiel den Kopfschmerz. Er ist weit verbreitet und trägt wesentlich zum enorm hohen Schmerzmittelkonsum bei. Welche Bedeutungen kann er haben? Er ist Symptom eines dickköpfigen Charakters, der mit dem Kopf durch die Wand will. Er ist der Ausdruck eines übertriebenen Ehrgeizes, dem irgendein Ziel zu Kopf gestiegen ist".[1]

Therapeutische Seelsorge will die Ursache des Krankseins angehen. Das Kranksein beinhaltet

... ein verzerrtes Gottes- und Glaubensbild,

... Mißtrauen Gott gegenüber,

... verzweifelte Verdammungsangst,

... eine tiefsitzende Selbstwertstörung,

... eine ungeistliche Leistungsfrömmigkeit,
... einen Hang zur Verantwortungslosigkeit,
... Angst, dem Leben nicht gewachsen zu sein,
... eine unverbindliche Lebenshaltung.

Haben wir den Mut, unsere Krankheiten zu hinterfragen? Oder dämpfen wir mit Schmerzmitteln und anderen Medikamenten die Symptome, die etwas zur Sprache bringen wollen, die etwas bedeuten. Noch einmal Jörg Müller:

„Die eigentliche Wunde bleibt stets die gestörte oder fehlende Beziehung des Menschen zu seinem Schöpfer. Sie ist die Ursache des privaten wie kollektiven Unheils in der Welt. Um diesen Zusammenhang deutlich zu machen, ist Jesus auf die Erde gekommen. ‚Seid vollkommen wie euer Vater im Himmel!‘ Matth. 5,48. Gemeint ist: Seid un-geteilt! Ihr könnt nicht Gott und dem Mammon dienen! Ihr könnt euch nicht mit faulen Kompromissen einen behaglichen Glaubensbungalow schaffen, frei von sozialer Verantwortung bei regelmäßigem Kirchgang. Wer Gott lieben will, zugleich aber dem Nachbarn dauernd eins auswischen möchte; wer eine kalkulierte Mittelmäßigkeit im Glauben lebt, erkrankt. Seine Krankheit ist lediglich spürbarer Ausdruck einer verborgenen defekten Gottesbeziehung.“[2]

2. Ist Krankheit ein Segen?

Der hebräische Ausdruck, der in unseren Bibelübersetzungen des Alten Testamentes mit „Krankheit“ wiedergegeben wird, umfaßt ein breites Spektrum. Was wird hier alles mit Krankheit umschrieben?

– Krankheit beinhaltet körperliche Schwäche,
– Krankheit meint die Abwesenheit von Lebenskraft,
– Krankheit wird als Müdigkeit und Erschöpfung interpretiert,
– Krankheit umfaßt jedes körperliche und seelische Leiden,

- Krankheit bedeutet auch Hoffnungslosigkeit und Resignation,
- Krankheit schließt auch Kränkungen und seelische Verwundungen ein.

Die ganze Palette menschlicher Nöte, Schwächen und Leiden kommen zur Sprache. Müssen wir sie stumm erdulden?

Wenn wir der Botschaft des Neuen Testamentes folgen, ist sowohl Krankenheilung als auch Verkündigung eine *Kernaussage* des Auftrags an uns Christen. Nun halten nicht wenige den Gedanken, daß Krankheit Segen beinhalte, für einen zentralen biblischen Gesichtspunkt. Das andere Extrem vertreten einige charismatische Gruppierungen, die glauben, Gott wolle *jeden* Menschen von Krankheiten heilen. Krankheit *kann* zum Segen werden. Das wissen viele erst im nachhinein. Aber das ist nicht grundsätzlich so.

Der Theologie-Professor Adolf Köberle kommentiert:

„Krankheit, die bei einem Menschen bleibt, muß nicht in jedem Fall Ausdruck von Kleinglauben und Unglauben sein. Es kann dahinter sehr wohl auch eine göttliche Bestimmung, eine göttliche Erziehungsmaßnahme, ja sogar eine göttliche Auszeichnung stehen. Dem natürlichen Empfinden des Menschen wird es immer schwerfallen, eine solche Würde zu bejahen und anzunehmen. Zweifellos aber gibt es Beispiele genug, wie gerade die Art und Weise, mit der das Kreuz und Leid getragen wurde, zu einem besonderen Segenszeugnis für die ganze Umgebung geworden ist."[3]

Aber auch das andere gilt:

Krankheit ist vom Bösen. Die Menschheit leidet bis heute an einer ursprünglichen sündhaften Situation, an der „Erbsünde", wie die meisten Theologen formulieren, aus der heraus sich niemand aus eigener Kraft befreien kann. Wir leben in einer gefallenen Welt, in die Krankheiten und Altwerden und Tod eingegangen sind. Aus Schuld Gott gegenüber entstehen Schwäche, Ohnmacht und Krankheit.

Jesus ist in die Welt gekommen,

... um uns zu retten,

... um uns zu befreien,

... um uns von den Auswirkungen der Sünde zu entbinden,

... um Krankheiten als Folge der Sünde zu heilen.

Jesus ist in die Welt gekommen, um sich der kranken Menschen anzunehmen. Er hat den Kampf mit den Zerstörungsmächten aufgenommen. Er will den Finsternismächten die Opfer entreißen. Die Evangelien berichten übereinstimmend, daß die Kraft zu befreien und zu heilen auf die Jünger und damit auf seine Nachfolger übertragen wurde:

„Jesus rief die zwölf Jünger zusammen und gab ihnen Kraft und Vollmacht, alle bösen Geister auszutreiben und Krankheiten zu heilen. Er sandte sie aus mit dem Auftrag: ‚Verkündet, daß Gott jetzt seine Herrschaft aufrichten und sein Werk vollenden will, und heilt die Kranken' " (Lk 9,1 + 2).

Haben wir diesen Auftrag vergessen?

Fehlt uns der *Glaube*, diese Botschaft Jesu in die Tat umzusetzen?

IV. Die leib-seelischen Zusammenhänge von Leiden, Krankheit und Tod

Es hat sich herumgesprochen, daß seelische Probleme, Nervosität und Störungen des sogenannten sympathischen Nervensystems verschiedene Krankheiten und Leiden – ja selbst den Tod – zur Folge haben können.

Ich blättere in einer Ausgabe des „Stern", da fällt mir eine Artikelserie in die Hände: Die großen Krankheiten unserer Zeit. Diese Nummer behandelt die „vegetative Dystonie".

In einigen fett gesetzten Zeilen heißt es:

„Von hundert Menschen, die heute mit Herzbeschwerden Kopfschmerzen oder Angstgefühl zum Arzt gehen, haben mindestens fünfzig keine organischen Schäden, sondern leiden an ‚vegetativer Dystonie'. Was ist das? Eine Modekrankheit oder ein eingebildetes Leiden oder ein Symptom unserer Unrast?"

1. Modekrankheit: vegetative Dystonie

Viele Fachleute behaupten in der Tat, daß bei 100 Menschen, die heute wegen Herzbeschwerden, Kopfschmerzen, Abgeschlagenheit, schlechten Schlafs, Magenbeschwerden, Verstopfung, depressiver Verstimmung, Licht-, Lärm und Wetterempfindlichkeit, Zyklus-Störungen, Schwindel und allergischer Beschwerden den Arzt aufsuchen, in 50% der Fälle keine speziellen organischen Schäden vorliegen, sondern *psycho-vegetative* Störungen im Spiel sind. Viele Ärzte behaupten, die vegetative Dystonie sei eine leere und substanzlose Diagnose. Was beinhaltet sie?

Die vegetative Dystonie ist eine Störung im Gleichgewicht unseres sogenannten sympathischen Nervensystems, das aus dem Sympathicus und dem Parasympathicus besteht. Beide Nerven sind *nicht* unserem Willen unterworfen. Was der Sympathicus beschleunigt, verlangsamt der Parasympathicus. Normalerweise arbeiten sie in einem ausbalancierenden Gleichgewicht, so daß die Lebensvorgänge wie Atmung, Kreislauf, Stoffwechsel und Drüsentätigkeit gesteuert sind.

Besonders enge Verbindungen bestehen zwischen dem vegetativen Nervensystem und den Drüsen der inneren Sekretion, z. B. der Hirnanhangdrüse, der Schilddrüse, der Nebenniere einerseits und seelischen Vorgängen andererseits. Überall in den Wandungen der Hohlorgane, Magen, Darm, Blase, Gebärmutter, Herzkranzgefäße und auch in der Haut sind feine Antennen für feinste Reize vorhanden. Diese Antennen leiten alle Impulse, die sie aufnehmen, an die Zentrale des vegetativen Nervensystems, das Zwischenhirn, weiter. Wie in einem Computer werden die Impulse gespeichert, verarbeitet und in Form von Befehlen an die einzelnen Organe weitergegeben.

Allerdings, und das ist die Schwierigkeit, können wir dieses vegetative Nervensystem nicht willentlich steuern. Die Störungen können also von einem erkrankten Organ selbst kommen, sie können aber auch – und das steht wohl heute außer Frage – seelische Ursachen haben.

2. Krankheit als Schicksal?

Wenn wir das Wort Schicksal hören, denken wir an die Vielzahl der geheimnisvollen Mächte, die aus den Bereichen Natur und Geschichte täglich auf unser Leben einwirken, und zwar von Geburt an.

Spielt dieses geheimnisvolle Schicksal mit uns Katz und Maus? Ist das Schicksal Gesetz, unabänderlich, ist alles in uns und mit uns programmiert? Ist es ein Neutrum, eine unpersönliche Größe? Hat das Schicksal ein Herz für uns?

Ist *Gott* unser Schicksal?

Zweifellos gibt es Schicksalsschläge, die uns ohne unser Zutun treffen, gibt es Ereignisse und Krankheiten, Konflikte und Leiden, die uns ungewollt, ungefragt und unverschuldet überfallen.

Krankheiten und Leiden sind aber auch Fügungen Gottes. Heinrich Giesen, der ehemalige Direktor der Berliner Stadtmission, schrieb auf die Frage: „Warum läßt Gott die Menschen krank werden?"

„Krankheit ist einer der Wege, auf dem Menschen klug werden können. Denn zu erfahren, daß es nicht nur mit anderen, sondern auch mit uns ein Ende haben muß, macht klug ... Gott ist Arzt solcher Krankheit. Er verlangt Fürsorge für Leib und Seele. Er erwartet, daß Menschen gesund sein sollen und wollen. Man kann nicht an Gott glauben und zugleich mit der Krankheit kokettieren oder auch Krankheit leugnen und Krankheit unbekämpft sein lassen ... Wir bekommen nicht nur ein Geschenk der Gesundheit, sondern auch in der Krankheit mit Gott zu tun."[1]

Darüber hinaus gibt es genügend Leiden, Schmerzen, Krankheiten, für die wir entscheidend mitverantwortlich sind, die durch unsere Eifersucht, durch unser Konkurrenzstreben, durch Neid, Ehrgeiz, Ärger, Haß, falsch verstandene Toleranz usw. mit heraufbeschworen werden.

3. Krankheit als Lebenslüge?

Der Neurotiker *benutzt* eine Methode oder ein Verhaltensmuster, um sich im Leben auf seine Art durchsetzen zu können. Er braucht das perfekte Alibi, um vor sich und anderen bestehen zu können. Er möchte nicht als Verantwortungsloser, als Drückeberger und Feigling charakterisiert werden. Das Etikett „Krankheit" kommt ihm wie gerufen. Hier findet er ein schützendes Dach und eine plausible Entschuldigung. Die Individualpsychologie hat diese Zusammenhänge seit ihrem Bestehen aufzudecken versucht. Alfred Adler hat sie schon vor 60 Jahren aufgezeigt, als er schrieb.

„Es liegt bisher nicht der geringste Beweis vor, daß Heredität (Vererbung) oder ein Erlebnis oder ein Milieu zur Neurose oder gar zu einer bestimmten Neurose *verpflichtet.* Diese ätiologische Verpflichtung, die nie der persönlichen Tendenz und Mithilfe entbehrt, existiert vielmehr nur in der starr gewordenen Annahme des Patienten, der seine neurotische oder psychotische Konsequenz, damit den Zusammenhalt seiner Erkrankung, kausal zu sichern versucht, indem er irgendwelchen Ursachen die Folgen – folgen läßt ... Unter anderem verlangt sein Lebensplan kategorisch, daß er durch *fremde Schuld* scheitere. Daß seine *persönliche Verantwortung* dabei aufgehoben sei."[2]

Was wird zusammengefaßt deutlich?
- daß der Neurotiker seine Krankheit als *Ausrede* benutzt;
- daß *Erbdispositionen* nicht zur Neurose verpflichten;
- daß aber Erbdispositionen und Milieueinflüsse in den Lebensplan oder Lebensstil des Menschen *sinnvoll eingebaut* werden können;
- daß der Neurotiker fest daran glaubt, durch *fremde* Schuld gescheitert zu sein bzw. mit verschiedenen Lebensaufgaben nicht fertig zu werden;
- daß er glaubt, die Krankheit, die ursächlich in diesem oder jenem begründet ist, *hindere ihn* daran, als tüchtiger und erfolgreicher Mensch zu leben;
- daß die Krankheit, die ihn schicksalhaft heimgesucht hat, ihm *keine persönliche Verantwortung* abnötige;
- daß diese Lebenseinstellung ihn zum Stillstand, Rückzug, zur Isolierung, Menschenfeindlichkeit, Ausflucht und *zur Passivität verleiten* kann;
- daß der Neurotiker *ein Sicherheitsfanatiker* ist. Er sichert sich ab durch Rückzug, um eine Niederlage seiner Eitelkeit, seines Hochmuts und seines Ehrgeizes zu verhindern;

- daß er eine *Krankheit* unbewußt steigern oder sogar *produzieren* kann, um einer vermuteten Niederlage oder Prestigeverlust aus dem Wege zu gehen;
- daß die Neurose keine *Dispositionserkrankung*, sondern eine *Positionserkrankung* ist. Die Position des Neurotikers in seiner Umwelt ist gefährdet. Er glaubt, nicht genügend beachtet, geehrt und bestätigt zu werden. Sein Ehrgeiz trägt nicht genügend Früchte. Vielmehr sucht er einen Weg, den Anforderungen von Gesellschaft und Gemeinschaft glaubhaft und einleuchtend zu entgehen, um seine Position zu sichern.

Den Lebensstil solcher Menschen kennzeichnet die Lebenslüge. Die Betonung dieses Gesichtspunktes – der leider oft unterschlagen wird – soll uns nicht hindern, auch die Mangelerlebnisse im frühkindlichen Sozialisierungsprozeß mit zu bedenken.

4. Krankheit und Tod als Folge fehlender menschlicher Zuwendung

Untersuchungen von René Spitz an Säuglingen in den ersten sechs Lebensmonaten haben überzeugend bewiesen, wie die leibseelische Entwicklung eines Menschen von der intensiven Mutterbeziehung abhängt. Spitz konnte zwei Gruppen von Säuglingen vergleichen, die unter genau den gleichen Ernährungs- und hygienischen Bedingungen lebten und aufwuchsen. Die eine Gruppe der Säuglinge wurde lediglich gefüttert und trockengelegt, ohne mütterlichen Kontakt. Die andere Gruppe von Kindern hatte Gelegenheit, mehrere Stunden am Tag von der Mutter betreut zu werden.

Bei der ersten Gruppe, es handelte sich um Waisenkinder, lag die Sterblichkeit im ersten Jahr bei fünfzig Prozent.

Bei der zweiten Gruppe handelte es sich um Mütter, die im Gefängnis eine Strafe absitzen mußten und ihre Kinder ständig bei sich hatten. Die Kindersterblichkeit betrug hier lediglich etwa drei Prozent.

Was wird hier deutlich?
- der mitmenschliche Kontakt ist wichtiger als die beste Hygiene und die gesundeste Ernährung;
- die mütterliche, warmherzige Zuwendung – der zwischenmenschliche Austausch – ist lebensnotwendig, und das ist buchstäblich zu verstehen;
- die Mutter – bzw. die gleichbleibende Betreuungsperson – ist das Schicksal des Kindes. Der Psychotherapeut Felix Schottländer hat ein Buch geschrieben mit dem gleichnamigen Titel. Auch neuere Forschungsergebnisse machen deutlich, daß eine Beziehungsperson, die nicht ständig ausgetauscht werden kann, für das körperliche und seelische Wohlbefinden notwendig ist.

„Krankheiten als Folge von Erlebniskatastrophen", so hat Professor Alexander Mitscherlich psychosomatische Krankheiten definiert.

Krankheiten drücken etwas aus,
Krankheiten sprechen für sich,
Krankheiten formulieren seelische Konflikte,
Krankheiten formulieren seelisches und soziales Leiden.

5. Was setzt den Körper unter Druck?

Was beeinflußt die Organe, daß sie sich ins Krankhafte verändern? Was ruft psychosomatische Krankheiten, also leibseelische Krankheiten hervor?

Mitscherlich antwortet:
- es ist die Erlebnisverarbeitung;
- es ist die Auseinandersetzung des Menschen mit der Umwelt;

38

- es ist unsere spezifische Reaktion auf Herausforderungen;
- es ist die individuelle Art, mit Angst, mit Eifersucht, mit Kummer, mit Erniedrigung, mit Demütigung, mit Minderwertigkeitsgefühlen, mit Mißtrauen, mit Zweifel usw. fertig zu werden.

Krankheit und Leiden sind in der Regel kein Zufall, kein blindes Schicksal, sondern die Reaktionsmöglichkeit des Menschen auf eine hilflose Lage.

Mitscherlich schreibt wörtlich:

„In den letzten Jahren ist man ziemlich übereinstimmend davon ausgegangen, daß ca. 30 bis 50 Prozent der Kranken, welche ärztliche Hilfe in Anspruch nehmen, sogenannte ‚funktionelle Leiden‘ zeigen. Für das Zustandekommen dieser Krankheitsformen sind nicht materielle Dinge primär haftbar zu machen, sondern – der starke, aber treffende Ausdruck sei erlaubt – Erlebniskatastrophen. Damit ist gemeint, daß in Gefühlsbeziehungen der Menschen untereinander ‚Spannungen‘, ‚Erregungen‘, ‚Ängste‘, entstehen, welche keine symptomfreie Verarbeitung zulassen."[3]

Das heißt also:
- 30–50% aller Krankheiten weisen eine seelische Mitverursachung auf,
- nicht im Organ selbst ist primär die Ursache für die Krankheit zu suchen,
- mangelnde seelische Widerstandskraft, Spannungen, Erregungen, Ängste und andere Affekte schlagen auf ein Organ,
- ein schwaches und schlecht disponiertes Organ kann dieser Spannung *entgegenkommen* und sich angreifen und schädigen lassen.

6. Redewendungen zeigen Leiden auf

Im täglichen Leben gibt es, wie schon angedeutet, Redewendungen, die treffend psychosomatische Zusammenhänge charakterisieren. Der Volksmund weiß die Hintergründe bewußt oder unbewußt zu deuten.

Wir sagen:
– Mir ist die Kündigung *auf den Magen geschlagen,*
– mir ist eine *Laus über die Leber gelaufen,*
– mir hat der Tod des Ehemanns *das Herz gebrochen,*
– sie wurde *gelb vor Neid,*
– er wurde *rot vor Wut,*
– er war *naßgeschwitzt vor Angst,*
– sie litten unter einer *tödlichen Langeweile,*
– Eifersucht, die mit *Eifer sucht,* was *Leiden schafft,*
– ein tyrannischer Chef hat dem Mitarbeiter die *Luft abgeschnitten,*
– der Hausbesitzer, vor dessen Grundstück in zwanzig Meter Entfernung die Autobahn vorbeigelegt wurde, hat sich die *Krätze an den Hals geärgert,*
– man sah, wie er *innerlich kochte.*

7. Die Organsprache

Jeder Körper eines Menschen spricht eine eigene Sprache, wenn Erregungen stattfinden, wenn er sich bedroht fühlt, angegriffen wird, wenn der Mensch schwere Frustrationen erfährt.

Fachleute sprechen von *Organsprache* oder *Organdialekt.*

Immer geht es darum, welches Organ am besten geeignet ist, den Konflikt zum Sprechen zu bringen.
– Der eine Mensch zittert in bestimmten Situationen,
– dem andern stehen die Haare zu Berge,
– ein Dritter reagiert mit Herzklopfen,

40

- viele andere schwitzen,
- bekommen Lampenfieber,
- einige reagieren mit heiserer Stimme,
- andere erbrechen,
- dieser oder jener reagiert mit Appetitmangel,
- einer mit der Reizung der Blase,
- der nächste mit Gleichgewichtsstörungen und Ohnmacht,
- wieder ein anderer mit Reizung der Geschlechtsorgane.

So kam es vor, daß mir ein junger Mann, der kurz vor dem Abitur steht und vor Prüfungen große Angst hat, berichtete, daß er einen lustvollen Samenerguß in der Klasse erlebte, und zwar in dem Augenblick, als ihm während der Lateinarbeit klar wurde, daß er sie ziemlich sicher danebengeschrieben hatte.

Alfred Adler schildert ein anderes eindrückliches Beispiel: „Ein Kind . . ., das sich fügsam benimmt, aber das nachts das Bett näßt, gibt dadurch deutlich seine Meinung kund, sich der angeordneten Kultur nicht fügen zu wollen . . . Von jedem Blickwinkel aus können wir erkennen, daß die Enuresis (Bettnässen) wirklich ein schöpferischer Ausdruck ist, denn das Kind spricht anstatt mit seinem Mund mit seiner Blase."[4]

Oder da ist die Frau in der Beratung, die Gespräche *braucht*, wie sie sagt. Sie lebt vom Austausch der Gedanken, Gefühle und Probleme. Sie lebt mit ihrem Mann in großer Spannung. Am meisten leidet sie darunter, daß sie nicht reden kann, daß er nicht zuhört, daß er sich für ihre Probleme nicht interessiert, daß sie einsam und allein ist.

Ihre Kinder sind erwachsen und aus dem Haus. Sie haben ihre Bezugspersonen. Sie hat ihre Mutter, die aber schwächlich und kränklich ist und die sie mit ihren Problemen *eigentlich* nicht belasten darf. Die Frau sagt interessanterweise „eigentlich". Und uneigentlich? Auf der Fahrt mit der Mutter im Auto passiert es ihr dann, daß sie plötzlich rasende Herzschmerzen bekommt. Sie muß rechts ranfahren und lange Zeit ausspannen.

Jetzt ist es heraus. Mit dem Mund wollte sie der Mutter ihr

Herz nicht ausschütten. Sie wollte sie schonen. Aber ihr Herz – buchstäblich verstanden – hat nicht geschwiegen. Ihr Herz hat gesprochen. Sie wurde anschließend richtig gesund, als sie ihrer Mutter ihre vielfachen Herzbeschwerden, ihre Kümmernisse offenbaren konnte.

Herr X fährt auf der Autobahn und ärgert sich über einen gelben Porsche, der langsamer fahrende Fahrzeuge durch beständiges Lichthupen auf die rechte Seite zwingt. Er fährt ebenfalls relativ schnell und beobachtet das unverschämte Verhalten dieses Porschefahrers. Ein Mercedes läßt sich nicht abdrängen. Er fährt ruhig auf der linken Seite weiter, ohne zu beschleunigen, denn vor ihm auf der rechten Seite sind etliche LKWs, die er in Ruhe und ohne Hetze überholen will. Der Porschefahrer betätigt neben der Lichthupe ein grell klingendes Signal.

Plötzlich ist es passiert. Der Porschefahrer ist auf den Mercedesfahrer aufgefahren. Einige Fahrzeuge hängen ineinander. Herr X folgt mit seinem Wagen. Im Nu entsteht ein Verkehrsgewühl. Herr X springt aus seinem Wagen und will dem Verletzten helfen. Aber beim Anblick des Verletzten im Porsche und beim Anblick des Blutes wird ihm übel, und er muß sich übergeben.

Was ist passiert?

Der optische Eindruck hat bei dem Betroffenen einen heftigen Reiz auf das Zwischenhirn, die Zentrale des vegetativen Nervensystems und zugleich Empfangsstation für seelische Eindrücke, ausgelöst. Der Impuls erreicht den Magen mit dem Befehl „Übelkeit und Erbrechen". Durch seelischen Einfluß wird also ein organisches Geschehen hervorgerufen.

Ich fragte den Klienten, der mir diese Episode in einem anderen Zusammenhang erzählt, wie er sich gefühlt habe, als er ausstieg.

Er sagte: „Mir stand es schon im Hals, als ich den Angeber in dem gelben Wagen erlebte. Und als es dann passierte, war ich einen Augenblick lang schadenfroh."

Der Klient berichtet, daß der Porschefahrer ihm *im Hals stand.* Seine ablehnenden Gefühle bringt er nach dem Unfall sofort zum Ausdruck. Sein Kopf mag anders denken, seine Vernunft die schadenfrohe Gesinnung zurückdrängen wollen, das autonome Nervensystem ist längst von der gegensätzlichen Einstellung alarmiert worden und hat prompt reagiert. Er müßte eigentlich helfen, aber er sträubt sich. Die Körpersymptome, die sich einstellen, verraten seine Haltung und seine Bewegungsrichtung. Die Seele ist in der Lage, die körperlichen Symptome in Gang zu setzen. Er *kann* nicht helfen, er *muß* sich übergeben.

8. Wenn die Erde wackelt – ein Fallbeispiel

Die Wahl des Symptoms hängt davon ab, was dem Menschen als wirksam erscheint. Nur die Symptome, die der Mensch als wirksam erkennt, produziert er weiter. Symptome, die ihren Zweck nicht erfüllen, gibt er schnell wieder auf.

Und wo können nun Symptome arrangiert werden? Jede Funktion des Menschen kann auf drei Gebieten, und zwar im Fühlen, im Denken und im Körper Symptome produzieren. Ich will versuchen, die Symptomwahl im Bereich des Gefühls an einem Beispiel zu demonstrieren.

Der Mensch entwickelt Angst, ich kann auch sagen, er *produziert Angst*, um einen Menschen an sich zu fesseln. Das kann der Lebenspartner sein, das kann – vom Kind her gesehen – die Mutter sein.

Frau M. kann nicht allein auf die Straße gehen. Seit zwei Jahren hat sie diese Symptomatik. Viele Menschen in ihrer Umgebung haben versucht, ihr diesen „Spleen" auszureden. Frau M. ist immer scheuer und schüchterner geworden, über diese Problematik frei und offen zu reden. Sie möchte nicht als krank angesehen werden. In der Bibelstunde haben ihr gute Bekannte geraten, vorher zu beten und sich dann vertrauend hinauszuwagen. Der Rat war nicht ungeistlich, traf aber keineswegs den Kern der Sache. Ihr Problem liegt woanders, und das müssen wir zuerst erkennen, um ihr effektiv helfen zu können:

Sie sagt: „Ich habe den Eindruck, der Boden wackelt. Die ganze Erde vibriert. Ich wage gar nicht mehr, offen darüber zu reden, weil man mich für verrückt halten könnte."

Ich: „Sie haben das Gefühl, Sie können sich nicht aus dem Haus wagen. Sie verlieren das Gleichgewicht oder können sich nicht auf den Beinen halten."

Sie: „Ich würde mich schon hinauswagen, wenn mich jemand fest unterhakt."

Ich: „Wenn Sie einen starken Schutz hätten."

Sie: „Und den habe ich eben nicht. Ich komme mir völlig schutzlos vor."

Ich: „Sie kommen sich schutzlos vor, ohne Halt, oder wie verstehen Sie das selbst?"

Sie: „Sehen Sie, meine beiden Töchter sind verheiratet. Beide wohnen einige hundert Kilometer von hier entfernt. Wir sehen uns sehr selten. Hin und wieder fahre ich hin. Was habe ich noch?"

Ich: „Ihre beiden Kinder sind aus dem Haus. Sie vermissen sie sicher. Und Ihr Mann?"

Sie: „Ja, wenn wenigstens eine Tochter bei mir wohnte! Der Beruf frißt ihn auf. Jeden Tag Überstunden und an Wochenenden hockt er hinter mitgebrachter Arbeit."

Ich: „Mit anderen Worten, Sie finden sich im Stich gelassen, allein, ohne Halt."

Sie: „Ich bin auch so machtlos. Mit keinem Mittel kann ich ihn zwingen, seinen Lieblingsplatz hinter dem Schreibtisch zu räumen. Er lebt und stirbt für die Firma."

Was wird in diesem Gespräch deutlich?

– Frau M. fühlt sich allein und im Stich gelassen. Die Kinder sind aus dem Haus. Sie kann sie nicht mehr betreuen, für sie sorgen. Sie fühlt sich überflüssig.

– Ihre Ehe scheint problematisch. Der Ehemann sieht im Beruf offensichtlich seinen einzigen Lebenssinn. Über eheliche Gemeinsamkeiten spricht Frau M. nicht. Beide leben aneinander vorbei.

- Frau M. möchte gern ihren Mann *zwingen*, seine beruflichen Ambitionen zu drosseln, um sich ihr mehr zuzuwenden. Sie schildert es freimütig. Hier liegt der Schlüssel zum Verständnis ihres Platzangst-Symptoms. Sie fühlt sich ohnmächtig und machtlos.

- In ihrer Machtlosigkeit produziert sie ein Symptom, das durchschlagender wirkt, als man es sich vorstellen kann. *Allein* kann sie nicht mehr auf die Straße, weil tatsächlich in ihrer Vorstellung die Erde bebt und vibriert. Auf diese Weise *zwingt* sie ihren Mann, sie zu begleiten, mit ihr Einkäufe zu machen, Besuchsverpflichtungen zu erfüllen und Geselligkeiten mit ihr aufzusuchen. Gemäß ihrem Lebensstil – ich brauche einen Menschen, der mir beisteht – hat sie im Bereich des Gefühls ein Symptom gewählt, das ihr persönlich erfolgversprechend zu sein scheint.

- In der Beratung lag mir daran, auch den Ehemann zu gewinnen, und im Dreiergespräch die eheliche Situation zu verbessern und die *Flucht* in die Arbeit bewußtzumachen. Auf dem Wege einer verbesserten Partnerbeziehung verringerten sich allmählich die Platzangst-Symptome, die die eigene Wertlosigkeit vertuschen sollten. Frau M. leidet an ihrer *Wertlosigkeit*. Sie will sie nicht eingestehen. Alfred Adler erklärt die Zusammenhänge von Symptom und Wertlosigkeit so: „Es ist keine Frage, daß der Betreffende leidet. Aber er zieht diese Leiden noch immer jenen größeren vor, um nicht bei der Lösung wertlos zu erscheinen. Er nimmt lieber alle nervösen Leiden in Kauf als die Enthüllung seiner Wertlosigkeit. Beide, der Nervöse und der Nichtnervöse, werden einer Feststellung ihrer Wertlosigkeit den größten Widerstand entgegensetzen, aber der Nervöse weit mehr ... Er wird darauf bestehen, ich möchte gesund werden, ich will von den Symptomen befreit sein. Deshalb geht er zum Arzt. Was er aber nicht weiß, ist, daß er etwas noch mehr fürchtet: als etwas Wertloses dazustehen; es könnte sich etwa das düstere Geheimnis entpuppen, daß er nichts wert sei. Wir sehen nun, was eigentlich Nervosität ist: ein Versuch, dem größeren

Übel auszuweichen, ein Versuch, den Schein des Wertes um jeden Preis aufrechtzuerhalten."[5]

- Das Gebet, von Gott Kraft zu bekommen, um angstfrei nach draußen gehen zu können, zielt an der eigentlichen Problematik der Ratsuchenden vorbei. In dem Augenblick, wo der Frau die unbewußte Finalität (Zielgerichtetheit) ihrer Platzangst-Symptomatik bewußt wird, kann sie beispielsweise um die Kraft bitten, nicht mehr so sklavisch an ihrem Mann hängen zu müssen. Das Gebet ist konkreter und bezieht sich auf das Problem ihrer Abhängigkeit. Sie kann darum beten, vorwurfsfreier mit ihrem Mann darüber reden zu wollen, daß sie ihn braucht und von ihm stark abhängig ist.

- Dem Mann wird klar, daß er die Arbeit benutzt, um vor der Umklammerung zu fliehen. Als er seine Lebensstilbewegung erkennt und die Frau vorwurfsfreier über ihre Bedürfnisse mit ihm spricht, bessert sich zusehends die eheliche Beziehung, seine sogenannte Arbeitswut mindert sich und damit ihre Platzangst-Symptomatik.

9. Die Nachahmung der Symptome

Das Beobachtungslernen spielt in der Verhaltenstherapie eine große Rolle. Die Verhaltenstherapie spricht auch vom *Lernen am Modell* und vom *stellvertretenden Lernen*, das heißt, andere Personen (sogenannte Modelle) werden in ihrem sozialen oder sprachlichen Verhalten nachgeahmt. Speziell im Bereich der sozialen Verhaltensweisen ist ein großer Teil der Lernprozesse auf diesen Vorgang zurückzuführen. So können Verhaltensmuster, die zum Lebensstil des betreffenden Menschen passen, durch diesen Prozeß eintrainiert werden. Mit anderen Worten: Der Mensch imitiert die emotionalen Reaktionen, die Symptome und Modellhandlungen, die der Mensch zur Meisterung seines Lebens für richtig hält. Es handelt sich aber *nicht* um einen Prozeß der *bewußten* Nachahmung, nicht um eine Reflektion über das betreffende Verhalten.

Wir wissen, daß Kinder gelehrige Schüler sind. Nicht nur die guten Seiten schauen sie den Eltern ab; auch weniger gute, die in ihren Lebensstil und in ihr Lebenskonzept passen, werden von ihnen unbewußt nachgeahmt.

– Eine Mutter klagt oft über wahnsinnige *Kopfschmerzen,* und sie legt sich zu Bett. Ihre Kinder müssen die Arbeit für sie erledigen. Ein Kind in der Familie entwickelt die gleichen Symptome. Viele Beobachter sind schnell mit dem Urteil bei der Hand. Das liegt in der Familie. In der Tat, das liegt in der Familie. Nur müssen wir nicht zwingend die Vererbung dafür verantwortlich machen.

– Der Vater, ein Despot, der seine fünf Kinder gern nach seiner Pfeife tanzen lassen möchte, bekommt mit zunehmendem Alter immer häufiger *Herzanfälle.* Er kann es nicht ertragen, daß seine Söhne ihm widersprechen, eigene Wege gehen und berufliche Entscheidungen treffen, ohne ihn zu fragen. Die ganze Familie spricht davon, daß er immer in dramatischen Augenblicken Herzanfälle bekommt und mit diesen Symptomen seine Stellung unterstreicht. Söhne und Schwiegertöchter schweigen, um den Vater und Schwiegervater nicht ins Grab zu bringen. Die Herzanfälle sprechen deutlicher und klarer als die Worte des Vaters, die von seinen Söhnen doch überhört wurden.

Einer der Söhne, und zwar der jüngste, der schon als kleiner Junge hart gegen den Vater rebellierte und sich in Wut steigern kann, wenn er seinen Willen nicht bekommt, zeigt die gleiche Symptomatik wie sein Vater. Er ist Personalchef in einem Betrieb, wo er mit zwei schwierigen Kollegen zusammenarbeitet, die er immer zum Schweigen bringt, wenn er einen Herzanfall bekommt. Der Chef ist ihm zugetan und hat verschiedentlich die zwei Mitarbeiter gemaßregelt, wenn sie mit dem „Leben des Personalchefs spielen".

So können die verschiedenen Symptome von der Kindheit an eintrainiert werden, und zwar in dem Maße, wie sie für den Lebenskampf hilfreich erscheinen.

Andere nachahmbare Symptome sind:

Angstzustände, Magenschmerzen, Trunksucht, Müdigkeit, zwei verkehrte Hände, Langsamkeit, sogenannte epileptische Anfälle usw.

10. Ist der Organdialekt immer krankhafter Natur?

Sind alle psychosomatischen Störungen automatisch medizinische Defekte? Davon kann keine Rede sein. Differenzierte und sensible Menschen, die unter unglücklichen Umständen ungerecht behandelt oder brutal auf raffinierte Weise ausgebeutet werden, können mit Schlafstörungen, Kopfschmerzen oder Arbeitsstörungen reagieren. Diese psychosomatischen Reaktionen sind verständliche Flucht- und Ausweichmanöver, um schweren Belastungen zu entgehen. Wir müssen sie als Alarmsignale dafür werten, daß die Grenzen des Zumutbaren überschritten wurden. Die Persönlichkeit wehrt sich und schafft sich auf diese Weise einen Ausgleich.

Horst-Eberhard Richter richtet sich gegen eine pauschale Diskriminierung psychosomatischer Symptome, wenn er schreibt: „Es ist jedenfalls eine im hohen Grade bedenkliche Tradition, seelische ‚Anpassungsstörungen' schlechthin automatisch als medizinische Defekte einzustufen ... In der psychotherapeutischen Alltagspraxis hat der Arzt laufend bei dem einen oder anderen Fall Schwierigkeiten, ob er eine ihm zur Behandlung angebotene seelische Anpassungsstörung als individuelle Entgleisung oder eher als Alarmsignal dafür ansehen sollte, daß das betreffende Individuum überbelastenden sozialen Einflüssen ausgesetzt ist. Oft muß man einsehen, daß Symptome zwar im üblichen medizinischen Sinne neurotisch krankhaft sind, in sozialpsychologischer Sicht indessen als positive Zeichen eines ‚gesunden' Widerstandes gegen eine verhängnisvolle soziale Situation zu verstehen sind."[6]

11. Leiden und Konflikte durch Streß

In unserer leistungsorientierten Gesellschaft wird mit dem Begriff „Streß" all das belegt, was in der Hektik des Berufsalltags zu Beeinträchtigungen und langfristig zu körperlich-seelischen Störungen führt.

a) Was ist Streß? – Was sind Stressoren?

Der Begriff Streß ist der Physik entlehnt. Bei Materialprüfungen werden unter diesem Fachausdruck alle Kräfte verstanden, die von außen auf das Material einwirken. Die durch Streß verursachten Materialveränderungen werden als „Strain" bezeichnet. Von der Beschaffenheit des Materials hängt es ab, ob Strain Formung, Anpassung oder Zerstörung bedeutet. Bei gleichem Streß ist Strain um so kleiner, je widerstandsfähiger, und um so größer, je verletzlicher das Material ist. Das gilt auch bei der Übertragung des Begriffes auf den Menschen. Allerdings heißen die Kräfte, die von außen auf den Menschen einwirken, nicht mehr Streß, sondern *Stressoren*.

Der „Streß" der modernen Leistungsgesellschaft (Beruf, Verkehr, Lärm, Umweltverschmutzung, Innenweltverschmutzung) verschleißt die Kräfte schneller, als sie sich in Ruhepausen wieder regenerieren können. Es kommt zum Versagen der psychophysischen Selbstregulation, zu Krisen, Krankheiten, Zusammenbrüchen und Kurzschlüssen. Weitere Stressoren sind: geringe körperliche Bewegung, falsche Ernährung, verminderte Sauerstoffzufuhr, hoher Nikotin- und Tablettenkonsum – alles Faktoren, die die Anpassungsfähigkeit des Organismus gegenüber weiteren Belastungen vermindern.

Streß ist heute zum Oberbegriff geworden und faßt Stressoren und Strain zusammen. Sowohl umweltbedingte, zivilisatorische Zwänge als auch der innere Zwang, die positiven und negativen Lebenshaltungen – auf dem Hintergrunde der Vererbung und der Dispositionen – fassen Stressoren und Strain zusammen im Streß. Kurz wiederholt: Die Reize von innen und außen und die Reizbeantwortung stellen den Begriff Streß dar.

b) Tödlicher Streß

Die schlimmsten Stressoren sind Angst, Ärger, Eifersucht, Haß und Frustrationen, also Enttäuschungen und Versagungen. Russische Forscher berichteten, daß bei Affen im Augenblick der Gefangennahme Herzinfarkte oder tödliche Schlaganfälle auftraten. Affen, denen man elektrische Schläge versetzte, wenn sie bei bestimmten Dressuraufgaben versagten, bekamen krankhafte EKG-Veränderungen und lebensgefährliche Herzattacken, während undressierte Affen dieselben Schläge gelassen hinnahmen und gesund blieben. Der entthronte Pascha einer Affenhorde entwickelte in wenigen Monaten Bluthochdruck und einen Herzmuskelschaden, als er in einem gesonderten Käfig zusehen mußte, wie ein anderes Männchen seinen Harem übernahm.

Spielt man Ratten tagelang ein Tonband vor, auf dem Fauchen von Katzen und die Angstschreie anderer Ratten zu hören sind, so bekommen sie herzinfarktähnliche Veränderungen. Stellt man Katzen- und Mäusekäfige nebeneinander, so sind die Mäuse bald „mausetot".

Wie sich der entthronte Affenpascha vor Eifersucht und Neid ein „gebrochenes Herz" holt, so können sich Menschen vor Eifersucht und Neid seelisch und körperlich zugrunde richten. Eifersucht kann unkontrollierte Wutausbrüche und lebensgefährliche Aggressionen heraufbeschwören. Der Verstand ist benebelt, das gesunde Urteil abhanden gekommen. Eifersuchtswahn kann die Betreffenden – Frauen oder Männer – um den Verstand bringen.

Die amerikanischen Individualpsychologen Marguerite und Willard Beecher beschreiben die Eifersucht als „hartnäckige Infantilität" und schildern ihre Symptome:

„Die Symptome der hartnäckigen Infantilität liegen unserer Ansicht nach klar auf der Hand: Passivität, Aggressivität, Magenfunktionsstörungen, Kopfschmerzen ohne organische Basis, Lispeln, Stottern, Gesichtsverzerrungen, negativer Gehorsam, Pflichtvergessenheit, Süchtigkeit und Eifersucht auf andere. Alle diese Symptome treten im Verhalten von Kindern

50

genauso auf wie im Verhalten Erwachsener. Außerdem zeigen Kinder und infantile Erwachsene häufig Symptome wie Bettnässen, Nahrungsverweigerung, Daumenlutschen, Anstoßen des Kopfes, Schnalzlaute im Hals, ständiges Schnappenlassen der Fingernägel oder Knacken der Knöchel, häufige Weinanfälle, Schmollen, Wutausbrüche und so fort. Alle diese Verhaltensweisen sind Anzeichen der hartnäckigen Infantilität. Der entscheidendste Vorbote dieser Krankheit dürfte aber die eifersüchtige Konkurrenz oder Rivalität sein."[7]

Eine Kette von Problemen wird durch Eifersucht und Neid, durch Rivalität und Konkurrenz, durch Ehrgeiz und hartnäckige Infantilität heraufbeschworen. Alle genannten Begriffe bedingen einander. Sie sollten im täglichen Leben, in Kirche, Verkündigung und Seelsorge entsprechend eingestuft werden.

c) Der erste Eifersuchtsmord der Weltgeschichte

Die dramatische und tödlich verlaufende Geschichte einer krankhaften Eifersucht schildert uns die Bibel auf ihren ersten Seiten. Kain und Abel sind Brüder. Der eine Bauer, der andere Viehzüchter. Eine eifersüchtige Rivalität befällt den einen während des Gottesdienstes. Beide opfern, beide wollen Gott preisen.

Aber die Eifersucht ist mächtiger als eine friedliche gottesdienstliche Gesinnung. Kain wird von Mißgunst geplagt. Er will gerechter sein als sein Bruder, er will besser sein als sein Bruder. Er kann es nicht ertragen, daß der Rauch seines Bruders steiler gen Himmel fährt.

Die Sünde lauert vor der Tür. Die Eifersucht schürt den Haß. Der Haß wird unüberwindlich. Mordgedanken stellen sich ein. Der Verstand ist hinüber. Die gottesdienstliche Gesinnung ist wie weggefegt. Die Stimme Gottes zum Schweigen gebracht und der Bruder auch.

Eifersucht ist tatsächlich das „grünäugige Ungeheuer", wie es Shakespeare geschildert hat. Eifersucht kann anderen und dem Träger selbst zur tödlichen Bedrohung werden.

Der Schweizer Arzt und Psychotherapeut Victor Louis

schreibt: „Etwas überspitzt läßt sich sagen, daß ein jedes Erstgeborene ein potentielles Kainsmal trägt. Dieser Entwicklung
läßt sich bis zu einem gewissen Grade vorbeugen."[8]

Das erstgeborene Kind ist oft das eifersüchtigste. Es wurde
entthront und rivalisiert nun mit seinen Geschwistern.

Erstgeborene entwickeln *aktive und passive Proteste* bis hin
zu „Mordversuchen" an den jüngeren Geschwistern. In der Beratung berichten Eltern,

- daß der Älteste hergeht und der jüngeren Schwester alle
  Wimpern abschneidet, mit der Schere die langen Haare entfernt,
- „zufällig" sein Geschwister mit heißem Wasser verbrüht,
- „zufällig" den Kinderwagen umstürzt, der sicher und fest im
  Zimmer stand,
- völlig unachtsam mit seinem Geschwister umgeht, wenn sie
  zusammen auf dem Spielplatz sind.

Hilfen für Eltern und Erzieher:
Ankündigung des neuen Geschwisters
Die plötzliche Überraschung, mit einem neuen Geschwister-
chen konfrontiert zu werden, kann für viele Erstgeborene eine
bittere Enttäuschung sein. Sie fühlen sich verraten und benachteiligt. Sie fühlen sich urplötzlich abgehängt und können mit
vielen Symptomen reagieren.

Auf Nachteile aufmerksam machen
Genauso wichtig wie die Ankündigung eines neuen Geschwisters ist die Vorbereitung des Kindes, daß es Nachteile zu erwarten hat. Mutter wird sich jetzt vermehrt um das hilflose
kleine Baby kümmern müssen. Viele Eltern möchten ihren Kindern die schmerzliche Erfahrung der Benachteiligung ersparen
und schweigen. Schweigen löst aber keine Probleme.

Das älteste Kind mithelfen lassen
Die Pflege des Geschwisters nimmt viel Zeit und Kraft der
Mutter in Anspruch. Das älteste Kind fühlt sich leicht ausgesto-

ßen und abgeschrieben. Die Eifersucht wird verstärkt. Gezielte Mithilfe kann negative Gefühle vermindern. Gezielte Mithilfe erzieht zum positiven Gemeinschaftsgefühl und zur Mitverantwortung.

Kein Gefühl der Verzückung äußern vor dem Neugeborenen

Viele Eltern sind mit Recht stolz auf das Neugeborene. Das älteste Kind kennt solche Gefühle nicht. Es fühlt sich entthront, benachteiligt und aus dem Mittelpunkt des Interesses verdrängt. Äußern jetzt Eltern, Verwandte und Bekannte über der Wiege des Neuankömmlings sentimentale Gefühle der Entzückkung, kann das Erstgeborene traumatisiert werden, seelisch verwundet werden. Ihm wird unbewußt ein schmerzliches Gefühl der Minderwertigkeit vermittelt.

12. Punktliste für seelische Belastungen

Der amerikanische Professor Thomas Holmes, Psychiater an der University of Washington in Seattle, hat mit seinen Mitarbeitern versucht, die Ereignisse, Konflikte und Erlebnisse, die das Seelenleben eines Menschen beeinflussen, die es verändern können und dadurch zu Krankheitsursachen werden, in einer Liste zusammenzustellen. Diese *Punktliste* für seelische Belastungen und gesundheitsbedrohende Konflikte entstand nach einer Überprüfung von mehreren tausend Krankengeschichten aus aller Welt.

Dann erprobte Holmes die Stichhaltigkeit der Punktliste an 80 Einwohnern in Seattle. Sie sollten in dieser Liste alle Positionen ankreuzen, die innerhalb des vergangenen Jahres für sie zutrafen. Dann wurden sie von Holmes zwei Jahre lang gründlich kontrolliert. Das Ergebnis: 86% der Versuchsteilnehmer, die zu Beginn des Testes mehr als 300 Gefahrenpunkte angekreuzt hatten, die also einem starken Streß ausgesetzt waren, waren nach zwei Jahren weniger gesund als Personen, die auf weniger Punkte gekommen waren. Herzanfälle, Magengeschwüre und

Depression waren die Hauptkrankheiten, die festgestellt wurden. Mit anderen Worten: Mehr als dreihundert Streßpunkte bergen die aktive Gefahr in sich, Organschädigungen heraufzubeschwören. In der Gruppe mit 150 bis 300 Punkten tauchen nur bei 48 % solche Gesundheitsstörungen auf. Deutlich wird, daß der Tod des Ehepartners mit 100 Streßpunkten die größte seelische Belastung darstellt und erregend aufs Gemüt wirkt. Selbst Weihnachten ist nicht streßfrei und erbringt 12 Streßpunkte.

Allerdings muß klar gesagt werden, nicht die Belastungen sind allein entscheidend, sondern
- wie der Mensch darauf reagiert,
- wie er die Konflikte verarbeitet,
- ob er sich Schwierigkeiten zu Herzen nimmt,
- ob er von Menschen abhängig ist,
- ob er extrem sensibel, verletzlich und leicht kränkbar ist,
- ob ein Organ schon angeschlagen ist und bei Streß zum Versagen neigt.

Es handelt sich zweifellos um ein diagnostisches *Grobraster*, das aber gerade auch Laien und Seelsorgern einen ersten Wink geben kann, welche Sorgen, Probleme, Schwierigkeiten, Überforderungen als Stressoren krank zu machen vermögen.

Wie steht es um Ihr Seelenleben?
Punkteliste für seelische Belastungen

Tod des Ehegatten	100 Punkte
Scheidung	73 Punkte
Eheliche Trennung	65 Punkte
Gefängnisstrafe	63 Punkte
Tod eines nahen Angehörigen	63 Punkte
Krankheit oder Verletzung	53 Punkte
Heirat	50 Punkte
Entlassung im Beruf	50 Punkte
Eheliche Aussöhnung	45 Punkte

Pensionierung	45 Punkte
Krankheit eines Familienmitgliedes	44 Punkte
Schwangerschaft	40 Punkte
Sexuelle Schwierigkeiten	39 Punkte
Beruflicher Neubeginn	39 Punkte
Finanzielle Schwierigkeiten	38 Punkte
Tod eines nahen Freundes	37 Punkte
Berufliches „Umsatteln"	36 Punkte
Ehestreit	35 Punkte
Hypothek über 30 000 DM	31 Punkte
Kündigung von Hypotheken/Darlehen	30 Punkte
Änderung der Berufsposition	29 Punkte
Schwierigkeiten mit Verwandtschaft	29 Punkte
Änderung des Lebensstandards	25 Punkte
Schwierigkeiten mit dem Chef	23 Punkte
Wohnungswechsel	20 Punkte
Veränderte Schlafgewohnheiten	16 Punkte
Ferien	13 Punkte
Weihnachten	12 Punkte
Kleinere Gesetzesübertretungen	11 Punkte

13. Lebenverlängernde Stressoren

Der Begriff Streß weckt in den meisten Menschen negative Gefühle und negative Befürchtungen. Die jüngsten Untersuchungsergebnisse der Geriatrie machen aber deutlich, daß Streß auch lebenfördernd sein kann.

Die Lebensläufe der Hundertjährigen in der Bundesrepublik bestätigen die medizinische Überraschung: Die meisten der Uralten haben siebzig bis achtzig Jahre lang hart gearbeitet. Einer der Hundertjährigen bedient noch heute die Knopflochmaschine in einer Textilfabrik.

Was sind lebenverlängernde Stressoren?

Professor Hoimar von Ditfurth sagt dazu:

„Allerdings ist lebenverlängernder Streß nicht der Streß, der zur Krankheit und zum Herzinfarkt führt, sondern Streß im Sinne von Ausgefülltsein, Engagement, Lebensbeteiligung ... Wichtig ist das Engagement auch nach der Pensionierung. Ein Rentner, der zum Beispiel einem Verein beitritt, sich politisch betätigt oder mit seinem Hund spazierengeht, hat weitaus größere Chancen, seine biologische Lebensspanne voll auszunutzen, als der, der nur auf der Parkbank sitzt und in die Sonne schaut."[9]

Lebenverlängernder Streß umschreibt ein erfülltes Leben. Nicht nur das Alter *ertragen* – das ist zu wenig. Sondern:
- weiterhin Ziele verfolgen, die dem Leben einen Sinn geben,
- weiterhin durch Freundschaft, durch Liebe, durch Gemeinschaft sich mit anderen verbunden fühlen,
- weiterhin sich engagieren, Schwierigkeiten angehen und bewältigen, nicht resignieren, kapitulieren und regredieren,
- weiterhin sich jeden Tag aufs neue bejahen, sich akzeptieren, wie man ist, und nicht die eigenen Mängel kritisieren, die Schwächen beklagen, die Unzulänglichkeiten bejammern, und tausend Benachteiligungen registrieren und ventilieren,
- weiterhin hingebungsvoll tätig sein, und zwar für andere, für Gruppen, für eine Sache, für die Gemeinde und damit auch für Gott.

14. Angina temporis und Angina pectoris – Zeitnot und Herztod

1955 veröffentlichten der Volkswirt Dr. Jürgen Eick und der verstorbene Psychotherapeut Dr. Kurt Gauger ein Buch unter dem Titel: „Angina temporis." Es beschreibt die „Zeitnot" als typische Krankheit unserer Tage. Glänzend werden die Büro-Rastellis (wie die Autoren sie nennen) wiedergegeben, die mit Arbeitgeberhut und Mantel von einer Sitzung zur anderen stürzen. Zwei Sekretärinnen gleichzeitig sausen auf sie zu, sie haben *mehrere* Unterschriftenmappen, *mehrere* Telefone, *mehrere*

Füllfederhalter und im Mundwinkel die unvermeidliche Zigarette.

- Wie lange werden sie das aushalten?
- Was steckt ihnen im Nacken?
- Was wollen sie erreichen?
- Was, glauben sie, müssen sie erreichen?
- Was wollen sie wem beweisen? Wozu müssen sie ihre Unersetzlichkeit demonstrieren?
- Wollen sie Leere vertuschen?
- Ihre Sinnlosigkeit verdecken?

Angina temporis – die Hetze und Zeitnot – und Angina pectoris – die Herzverkrampfung und der Herztod – sind Lebenseinstellungen, die von Kindheit an eintrainiert wurden, für die wir uns entschieden, die wir gewählt haben und die wir folglich auch wieder *aus*trainieren können. Wir müssen solche Lebensstilhaltungen vor dem lebendigen Gott, vor dem Nächsten und vor uns selbst verantworten.

Angina temporis und Angina pectoris sind unzertrennliche Zwillinge. Sie gehören zusammen, sie kleben aneinander.

„Nimm dir Zeit und nicht das Leben!"

Dieser Slogan an den Lastzügen auf den Straßen gilt auch für unser Leben. Wen wollen wir überholen? Wen, glauben wir, *müssen* wir überholen?

In einem Gedicht von Friedrich Kayssler „Gebet eines Menschen im zwanzigsten Jahrhundert" wird diese Hetze und Zeitnot wunderbar geschildert. Hier wird eine Antwort angeboten, die wir Christen uns und anderen schuldig sind:

Ich leb' in einer Zeit, o Gott,
wo alles jagt im wilden Kreis,
wo keiner mehr um Heimat weiß.
Zeit ist nur Geld, und Zeit ist Spott,
Gott, gib mir Rast . . .
Es fliegt der Tag, es fliegt die Nacht.

Nichts ist vollbracht . . .
Pflicht weckt mich: Auf! Die Zeit! Die Zeit!
Pflicht stachelt mich: Der Weg ist weit!
Pflicht ruft: Jetzt mußt du dieses tun!
Pflicht lähmt mich: Halt! Jetzt mußt du ruhn!
Pflicht stiert mich an so fürchterlich:
Ich schreie: Pflicht! Wann lebe ich?
O Gott! O Gott! Gib Du mir Zeit!
Ich brauche Zeit, in mich zu schauen.
Ich brauche Zeit, mir zu vertrauen.
Ich brauche Zeit, um Dich zu schauen,
o Gott, o Gott!

V. Der Glaube und das Immunsystem

Unser Schöpfer hat ein ausgeklügeltes Abwehrsystem in unserem Organismus geschaffen. Es stellt eine geniale Verteidigungsanlage gegen ein Billionenaufgebot angriffslustiger Bakterien, Viren, Parasiten und Allergene dar.

Meyers Konversationslexikon erklärte das Abwehrsystem schon vor 150 Jahren mit dem Satz:

„In der Medizin versteht man unter Immunität die Widerstandsfähigkeit gegen Ansteckungskeime, welche unter gewöhnlichen Verhältnissen eine Krankheit hervorrufen."

1. Wie arbeitet das Immunsystem?

Jeder Mensch ist ständig einer Flut von Krankheitserregern ausgeliefert, die den Menschen vom Scheitel bis zur Sohle schädigen können. Ohne dieses Abwehrsystem wären wir diesen Angreifern schutzlos ausgeliefert. Es arbeitet pausenlos, Tag und Nacht, und wir merken nur bei Belastungen etwas davon. Es ist ein hervorragend ausgestattetes Polizeisystem, das uns in jeder Minute vor Schaden bewahrt.

Die Abwehrzellen werden im Knochenmark zusammen mit den roten und weißen Blutkörperchen gebildet. Würde man alle Abwehrzellen zusammennehmen, kämen ein bis zwei Kilogramm beim erwachsenen Menschen zusammen. Die inneren Wächter liegen überall auf der Lauer, um Krankheitserreger, die sich in den Körper einschleichen wollen, abzufangen. In den Schleimhäuten der Nase, in den Mandeln, im Hals, in den Luftwegen, in der Lunge bis hinunter zum Dünndarm liegen Wachmannschaften bereit, die Feinde zu vernichten.

Neben den feststehenden Wachstationen gibt es bewegliche, die in der Blutbahn und in den Lymphgefäßen kreisen. Außer Krankheitserregern werden von ihnen auch kranke Zellen, die sich im Körper befinden, beseitigt. Die Abwehrzellen erkennen sie, fressen und verdauen sie. So gewinnt der Organismus zusätzliche Nährstoffe. Das Abwehrsystem stellt eine hervorragende Verteidigungsanlage dar. Würde sie plötzlich ausfallen, könnte der Mensch nur noch Stunden leben. Er würde buchstäblich von feindlichen Heeren an Viren und Bakterien „aufgefressen".

Die Abwehrzellen sind so geschult, daß sie Fremdes und Körpereigenes genau identifizieren können. Im Organismus werden Informationen gespeichert, die ein umfangreiches Programm enthalten, alle Fremdkörper zu erkennen und anzugreifen. Lediglich bei Organtransplantationen und Blutübertragungen, die ja dem Körper helfen sollen, reagieren die programmierten Abwehrzellen natürlich „falsch". Sie bekämpfen die fremden Stoffe, vor allem, wenn sich die Blutgruppen nicht vertragen. Dasselbe gilt leider für die sogenannten Autoimmunkrankheiten wie entzündliches Rheuma und multiple Sklerose. Die Abwehrzellen sind irritiert und vernichten das Eigene.

2. Seele und Abwehrsystem

Unser Immunsystem ist entscheidend von unserer *Gemütsverfassung abhängig*. Eine negative Lebenseinstellung schwächt das Abwehrsystem.

Die naturwissenschaftlich orientierte Medizin hat diesem Vorgang viel zuwenig Beachtung geschenkt. Erst in den letzten Jahren wird zunehmend erkannt, wie das Abwehrsystem durch eine *positive* Lebenseinstellung aufgerüstet werden kann. Steht der Mensch unter starkem negativen Streß, ist die Infektionsgefahr auffällig erhöht.

Vermehrt kommt es

- zu Erkältungskrankheiten,
- zu Atemwegsstörungen,
- zu Grippeanfälligkeit,
- zu Mandelentzündungen usw.

Die Medizinjournalistin Maria E. Lange-Ernst schreibt dazu:
„Im Jahre 1987 konnte experimentell bestätigt werden, daß sich Niedergeschlagenheit und Verlusterlebnisse direkt auf die Abwehrfähigkeit auswirken. In San Diego hat man an 37 Frauen die Aktivität der natürlichen Killerzellen und die Verteidigung von T-Lymphozyten bestimmt und diese mit dem Ausmaß von kürzlich durchlebten Schicksalsereignissen verglichen. Dabei zeigte sich deutlich, wie die Aktivität der Killerzellen bei Frauen, die gerade tiefgreifende Veränderungen ihrer Lebenssituation durchgemacht hatten, deutlich niedriger lag ... Das heißt: Anhaltender Negativstreß macht krank."[1]
Deutlich wird:

Auch das Immunsystem spiegelt die nahtlose Zusammengehörigkeit von Leib, Seele und Geist wider. Wenn wir Gott mit unserem Körper ehren, wie es Paulus im Korintherbrief von den Christen erwartet, dann ist es selbstverständlich, daß wir uns gesundheitlich fit halten, daß wir nicht durch Überanstrengung, durch falschen Ehrgeiz, durch Nikotin, Alkohol o. a. unser Immunsystem schwächen und unsere Krankheitszustände selbst mitverursachen.

Was sind negative Streßfaktoren, die das Immunsystem schwächen?
Aus der Fülle der Negativfaktoren ein kleiner Strauß von schädigenden Verhaltensmustern:
- Wir reagieren schnell beleidigt;
- wir haben oft Angst, unser Prestige zu verlieren;
- wir ärgern uns über eine unsympathische Person;
- wir werden mit einer übergestülpten Rangordnung nicht fertig;
- wir leiden unter autoritären Persönlichkeiten;

- wir können unseren falschen Ehrgeiz nicht dämpfen;
- wir resignieren, weil wir unseren Willen nicht bekommen;
- wir verzweifeln, weil uns bestimmte Aufgaben nicht gelingen;
- wir schlucken Ärger und Wut herunter, weil wir verbale Auseinandersetzungen scheuen;
- wir geraten in Panik, weil vieles nicht nach unseren Vorstellungen läuft;
- wir wollen die Verantwortung allein tragen;
- wir reagieren unzufrieden, weil wir unser Leben für unerfüllt halten;
- wir können nicht genießen und wehren Entspannung und Erholung ab;
- wir huldigen einem zwanghaften Leistungsstreben aus Angst vor Versagen;
- wir hungern nach Anerkennung;
- wir vertrauen auf die eigene Kraft;
- wir dramatisieren und machen Mücken zu Elefanten;
- wir sehen schwarz und fördern alle möglichen Befürchtungen;
- wir arbeiten perfektionistisch und „machen uns verrückt".

Eine Fülle seelischer Streßfaktoren schwächt unser Immunsystem und bewirkt eine *Langzeitschädigung*. Je länger und heftiger die Negativfaktoren anhalten, desto schwieriger wird es, die pathologischen Streßsymptome im Organismus abzubauen.

Schauen wir uns die negativen Verhaltensmuster an, so wird deutlich, daß sie samt und sonders *ungeistlich* sind. Wir setzen unseren Organismus unter Druck und wundern uns, daß wir für alle möglichen Krankheiten anfällig werden. An diesen Beispielen wird klar, daß Gott uns nicht straft, sondern daß *wir uns selbst bestrafen*. Für viele Krankheiten schieben wir Gott den Schwarzen Peter zu, obwohl wir sie doch selbst mitverursacht haben.

Was geht in unseren Herzen vor, daß wir diese Mit-Schuld beiseite schieben?

Warum drücken wir uns vor der Mit-Verantwortung?

Belügen wir uns nicht selbst, wenn wir unserem Herrn *alles*, was in uns und um uns herum geschieht, in die Schuhe schieben?

3. Besonderes Merkmal: Gesund

Eine Forschergruppe der Abteilung für Psychosomatik und Psychotherapie am Universitätskrankenhaus Hamburg-Eppendorf näherte sich dem Krankheitsproblem von einer anderen Seite. Sie fragte nicht, warum ein Mensch *krank wird*, sondern warum er *gesund bleibt*.

Gesund definierten sie wie folgt:

„Gesund" ist, wer seit fünf Jahren nicht krank gewesen ist, von einfachen Erkältungen abgesehen, und wer lediglich zu Zahnbehandlungen und Vorsorgeuntersuchungen den Arzt konsultiert hat.

Durch eine Anzeige in einer großen Hamburger Tageszeitung wurden Freiwillige für ein Forschungsprojekt gesucht. 22 Frauen und 16 Männer wurden aus vielen Bewerbungen ausgewählt und einer gründlichen Untersuchung und Befragung unterzogen. Getestet wurden nicht in erster Linie die körperlichen Probleme, sondern die Befindlichkeit, das Lebens- und Selbstkonzept des Betreffenden und das Erleben der eigenen Person. Im einzelnen brachten die Forscher folgendes heraus:

– Gesunde erleben sich stabiler als Kranke,
– Gesunde fühlen sich optimistischer und hoffnungsvoller,
– Gesunde können sich in allen Lebenslagen besser anpassen,
– Gesunde gehen Lebensprobleme und Krisen offensiver an,
– Gesunde verstehen es besser, aus Krisen zu lernen und das Beste daraus zu machen,
– Gesunde stellen sich schneller und optimistischer allen Herausforderungen,
– Gesunde leben und praktizieren ein größeres Hoffnungspotential,

– Gesunde investieren viel Kraft und Zuversicht in Neuanfänge.[2]

Wieviel gesünder müßten Christen sein, die mit großer Zuversicht im Heute leben und dem Morgen entgegenschauen. Denn: „Das sollt ihr wissen: Ich bin bei euch, jeden Tag, bis zum Ende der Welt" (Mt 28,20).

So schließt das Matthäusevangelium. Diese Verheißung ist eine Wohltat für Leib und Seele, sie stärkt Herz und Gemüt. Sie baut aber nicht nur den „inwendigen" Menschen auf, die Verheißung stimuliert über das Zentralnervensystem auch unsere *Abwehr*.

Erinnern wir uns einmal an das angesprochene „Hoffnungspotential". Hoffnung ist mehr als ein Prinzip. Hoffnung ist mehr als wirksame Autosuggestion. Bewußte Christen sind Hoffnungsträger. Sie jubeln sich nicht in eine fragwürdige Hoffnungsidee hinein, sondern sie wissen: Gott *ist* unsere Hoffnung. Paulus beschreibt diese Hoffnung, die die ganze Existenz erfaßt und stabilisiert. Auch sie ist ein unschätzbarer Gesundheitsfaktor.

„Sogar daß wir jetzt noch leiden müssen, ist ein Grund zur Freude. Denn wir wissen, daß Leiden zur Standhaftigkeit führt; Standhaftigkeit aber führt zur Bewährung, und in der Bewährung festigt sich unsere Hoffnung. Diese Hoffnung aber gibt uns die Gewißheit, daß Gott uns nicht fallen läßt" (Röm 5,3–5).

Hoffnung ist mit *Optimismus* verbunden. Wir hoffen nicht ins Blaue hinein, sondern auf Jesus Christus hin. Darum ist Optimismus eine hoffnungsstarke, in die Zukunft vertrauende *Kraft*. Dietrich Bonhoeffer hat das einfühlsam zur Sprache gebracht: „Es ist klüger, pessimistisch zu sein: Vergessen sind die Enttäuschungen, und man steht vor den Menschen nicht blamiert da. So ist Optimismus bei den Klugen verpönt. Optimismus ist ... eine Lebenskraft, eine Kraft der Hoffnung, wo andere resignieren, eine Kraft, den Kopf hochzuhalten, wenn alles fehlzuschlagen scheint, eine Kraft, Rückschläge zu ertragen,

eine Kraft, die die Zukunft niemals dem Gegner überläßt, sondern sie für sich in Anspruch nimmt ... Den Optimismus als
Willen zur Zukunft soll niemand verächtlich machen, auch
wenn er hundertmal irrt; er ist Gesundheit des Lebens, die der
Kranke nicht anstecken soll."[3]

Wer an Christus glaubt, muß diesen Willen nicht erzwingen.
  Der Wille läßt sich nicht befehlen,
  der Wille läßt sich nicht antreiben,
  der Wille läßt sich nicht durch Appelle beschleunigen.
  Wer Christus glaubt, *hat* Hoffnung, und wer Hoffnung *hat*,
hat den Willen.

4. Mit-Teilen und Gesundheit

Ein neues Forschungsgebiet, die Psychoneuroimmunologie
(PNC), befaßt sich mit Verknüpfungen zwischen Gehirn und
Immunsystem. So bestätigten Langzeituntersuchungen – eine
zehnjährige Studie an 2754 Menschen in Tecumseh – im amerikanischen Bundesstaat Michigan, daß sozial aktive Menschen
länger lebten als weniger aktive. Außerdem zeigten die Ergebnisse einen deutlichen Abstand zwischen verheirateten Männern und Frauen und geschiedenen und alleinstehenden.
  Die Lebensdauer der Verheirateten lag im Durchschnitt höher als die der Geschiedenen, Getrenntlebenden und Alleiner-
ziehenden.[4]
  Soziale Kontakte und Beziehungen sind lebensnotwendig.
Der Mensch ist ein Beziehungswesen. Wie sagte Zinzendorf:
„Ich konstatiere kein Christentum ohne Gemeinschaft." Got-
tesdienste, Bibelstunden, Hauskreise und Gebetsversammlun-
gen sind *Orte der Begegnung.* Wir tauschen uns aus, wir teilen
uns mit und pflegen Kontakte.
  Wie sehr das Mitteilen von Gefühlen das Immunsystem
stärkt, hat der Psychologe der Methodistischen Universität, James W. Pennebaker, in Dallas an Studenten herausgearbeitet.

Eine Gruppe von Studenten schrieb an vier Tagen hintereinander täglich, und zwar einige Minuten lang, ihre schmerzlichsten Erlebnisse und Erfahrungen auf. Dieses Sichbefreien von bedrückenden Lebenserfahrungen und das Herauslassen von bitteren Gefühlen ergab sechs Wochen lang eine deutliche Verbesserung der Immunfunktion, wie regelmäßig durchgeführte Blutuntersuchungen ergaben.[5]

5. Loben und Lachen

Psalm 103 ist ein Lob- und Danklied auf die Barmherzigkeit Gottes.

„Lobe den Herrn, meine Seele, und was in mir ist, seinen heiligen Namen! Lobe den Herrn, meine Seele, und vergiß nicht, was er dir Gutes getan hat: Der dir alle deine Sünden vergibt und heilet alle deine Gebrechen" (Verse 1–3).

Lobpreis und Anbetung Gottes sind Äußerungsformen lebendigen Christseins. Sie sind aber auch Wohltaten für Leib und Seele, Balsam für die Gesamtbefindlichkeit und ein Tonikum für den Gesamtorganismus.

In den USA erschien vor einigen Jahren ein Buch des Journalisten Norman Cousins, der schwer unter der Bechterewschen Krankheit litt, die den Bewegungsapparat erheblich einschränkte und mit großen Schmerzen verbunden war.

Cousins erinnert sich, daß er sich kaum bewegen konnte und ständig unter großen Schmerzen litt. Die Ärzte gaben ihm eine Heilungschance von höchstens 1:500. Krämpfe, Lähmungen – und dazu noch die größte Gefahr: Resignation und Selbstaufgabe. Aber der Patient entwickelte einen unbeugsamen Lebenswillen, las in Fachbüchern und stellte sein bisheriges Leben völlig um. Von Monat zu Monat erfuhr er, wie eine solche unverwüstliche Lebensbejahung Früchte trug. Er wurde wieder *ganz gesund*. Und stellte damit eine Sensation und ein medizinisches Wunder dar. Aus der Fülle all der Praktiken, die nachweislich den Organismus stärken, greife ich ein Beispiel heraus,

das den Zusammenhang von Lachen und Immunsystem heraus-
stellt.

„Wir begannen mit dem ersten Teil unseres Genesungspro-
gramms, dem Einsatz positiver, bejahender Gefühle zur Verbesserung der Körperchemie (Immunsystem). Es fiel mir nicht allzu
schwer, zu hoffen und zu lieben und Vertrauen zu haben, aber
wie stand es mit dem Lachen? Nichts ist weniger lustig, als flach
auf dem Rücken zu liegen, während einem die Wirbel des Rück-
grats und alle Gelenke weh tun. Ich hielt es für einen guten Anfang, mit unterhaltenden Filmen zu beginnen ... Ich machte die
freudige Entdeckung, daß zehn Minuten echten zwerchfeller-
schütternden Lachens eine anästhetische Wirkung hatten und
mir wenigstens zwei Stunden schmerzfreien Schlaf ermöglich-
ten. Wenn die schmerzstillende Wirkung des Lachens nachließ,
schalteten wir den Filmprojektor wieder ein, und nicht selten gelang es mir, ein zweites Mal einzuschlafen ... Wenn sich Lachen
tatsächlich heilsam auf die Körperchemie auswirkte, dann war
es, wenigstens in der Theorie, wahrscheinlich, daß es die Fähig-
keit des Körpers, die Entzündungen zu bekämpfen, verbessern
würde. Zur Kontrolle lasen wir unmittelbar vor und mehrere
Stunden nach den ‚Lachepisoden‘ die Blutsenkung ab. Jedesmal
kein wesentlicher Rückgang, aber er hielt an und verstärkte sich.
Ich freute mich sehr über die Entdeckung, daß es eine physiologische Grundlage für die alte Theorie gab, daß Lachen eine gute
Medizin ist."[6]

Cousins machte folgende Erfahrungen:
– Er fütterte den Körper mit Ascorbinsäure (Vitamin C) in hohen Dosen. Das Fieber ging zurück, der Puls raste nicht mehr.
– Die schmerzfreien Schlafperioden wurden ständig größer.
– „Welche Schlußfolgerungen ziehe ich aus dieser ganzen Erfahrung? Die erste ist, daß der Wille zu leben keine theoreti-
  sche Abstraktion, sondern eine physiologische Realität mit
  therapeutischen Eigenschaften ist. Die zweite, daß ich un-
  glaubliches Glück hatte, von einem Arzt betreut zu werden,
  der wußte, daß seine wichtigste Aufgabe darin bestand, den
  Lebenswillen des Patienten ... zu mobilisieren.

„Es ist gut möglich, daß diese Behandlung – wie alles übrige, was ich tat – nichts anderes als ein Beweis für die Wirksamkeit des Placebo-Effekts war." (S. 46)

- Cousin hörte von der berühmten rumänischen Ärztin Ana Aslan, daß es eine direkte Verbindung zwischen einem robusten Lebenswillen und dem chemischen Gleichgewicht im Gehirn gebe. Die Hypophyse würde stimuliert, die wiederum auf die Zirbeldrüse und das gesamte endokrine System einwirkte.
- Cousins lernte, die Regenerationsfähigkeit von Geist, Seele und Leib nicht zu unterschätzen.

Wenn sich solche Erfolge schon mit heiteren Filmen bewerkstelligen lassen, wieviel mehr muß die „Frohe Botschaft", die „Gute Nachricht", Menschen beflügeln und an Leib, Seele und Geist heil werden lassen.

Vergebung und Versöhnung schütten nicht nur den Graben zwischen Gott und uns zu, sie heilen nicht nur die zwischenmenschlichen Beziehungen, sondern schenken auch Frieden mit Gott, mit anderen und mit uns selbst. Der Friede Gottes ist in der Tat höher als unsere Vernunft und gibt nicht nur unserem Herzen ein zufriedenes Gefühl, sondern zieht wie ein Golfstrom durch sämtliche Glieder.

6. Denkstrukturen ändern

„Ändert euer Denken!" Das ist ein Kardinalsatz biblischer Aussagen – Was ist damit gemeint?

Paulus spricht dieses Umdenken folgendermaßen an: „Paßt euch nicht den Maßstäben dieser Welt an. Laßt euch vielmehr im Innern von Gott umwandeln. Laßt euch eine neue Gesinnung schenken. Dann könnt ihr erkennen, was Gott von euch will. Ihr wißt dann, was gut und vollkommen ist und was Gott gefällt" (Röm 12,2).

Gott schenkt Wollen und Vollbringen, wenn wir zur Umkehr

bereit sind. Wir wissen dann, was gut und vollkommen ist und was dem anderen und mir selbst dient. Wir legen mit der Umkehr ichsüchtige und destruktive Verhaltens- und Denkmuster ab, die uns schaden.

Zu den ichsüchtigen Denkstrukturen gehören u. a. Selbstmitleid, das Hadern mit dem Schicksal und das „Zergrübeln" von Ereignissen, die nicht mehr zu ändern sind. Es besteht kein Zweifel, wir untergraben unsere Gesundheit.

Die Frankl-Schülerin Elisabeth Lukas schildert, wie Kummer, der krankhaft festgehalten wird, den Menschen schwächt und sein Immunsystem untergräbt.

„Aus amerikanischen Langzeitstudien über 14 Jahre Krebsforschung geht beispielsweise hervor, daß in den ersten Jahren nach dem Verlust eines Partners, sei es durch Scheidung oder durch Tod, das Krebsrisiko um das Fünffache bis Zehnfache steigt. Allerdings nur dann, wenn der Verlust eben ‚hyperreflektiert' wird, das heißt, wenn sich der Zurückbleibende mit dem Verlust nicht abfinden kann, gedanklich fortwährend mit seinem Schicksal hadert und über Ursachen des Verlustes unentwegt nachgrübelt."[7]

Heute ist viel von „Trauerarbeit" die Rede. Trauerarbeit ist gut und wichtig. Sie hat zum Ziel, den Verlustschmerz ernst zu nehmen, zu be- und dann schließlich verarbeiten. Selbstmitleid und Resignation haben damit nicht viel zu tun. Wer gegen Unabänderliches kämpft und sich nicht trösten lassen will, zieht gegen Leib und Seele zu Felde. Er schwächt sein Immunsystem und bahnt vielen Krankheiten den Weg. Die Frohe Botschaft ist eine Botschaft der Hoffnung und der Zuversicht. Der Blick wird von einer schmerzhaften Vergangenheit auf ein Morgen mit Gott hin gelenkt.

7. Wie wir unser Immunsystem stärken

Wenn negativer Streß und eine ungesunde Lebensweise das Immunsystem schwächen können, wenn seelisch destruktive Verhaltensmuster die Abwehr lähmen, dann müssen folgerichtig Zufriedenheit und eine gesunde Lebenseinstellung die Abwehrfront stärken. Und so ist es auch.

Zuversicht und Lebensfreude sind in unserem Organismus meßbar. Eine positive Lebensgrundstimmung ist im Blutbild abzulesen. Forscher haben eindeutige Beweise geliefert, daß Lust, Wohlbefinden und positiver Streß (Eustreß) Leib, Seele und Geist beflügeln und das Abwehrsystem zu Höchstleistungen mobilisieren. Die Widerstandskraft wächst, und viele Krankheiten können besser abgewehrt werden.

Ist das für uns Christen zu materialistisch gedacht? Bewegen wir uns auf einer Ebene, die mit dem Glauben nichts mehr zu tun hat, oder klammern wir wesentliche Teile unseres Lebens aus der Nachfolge aus?

Paulus ruft uns zu:

„Ich ermahne euch nun, liebe Brüder, durch die Barmherzigkeit Gottes, daß ihr eure Leiber hingebt zum Opfer, das da lebendig, heilig und Gott wohlgefällig sei. Das sei euer vernünftiger Gottesdienst" (Röm 12,1).

Luther hat das Wort „basar", Fleisch, mit „Leib" übersetzt. Und er hat recht. Leib meint den *ganzen* Menschen. Leib beinhaltet:
– seine Körperlichkeit,
– seine Vitalität und Geschlechtlichkeit,
– seine Störungen und Krankheiten,
– seine Gefühle und Schmerzen.

Wenn wir unsere *Leiber* Gott zum Opfer bringen sollen, dann ist damit unsere *gesamte Existenz* gemeint. Wir wollen Gott loben und preisen „mit Herzen, Mund und Händen". Der Körper ist nichts Überflüssiges oder Zweitklassiges. Er beinhaltet kein Verpackungsmaterial, das wir notgedrungen in Kauf nehmen müssen. Gott hat den ganzen Menschen geschaffen, mit einem Gehirn, dessen Geheimnisse bisher kein Forscher ergründen konnte, mit dem Wunderwerk der Augen, des Ohres und des Herzens und mit vielen anderen Wundern. Auch das Immunsystem, das erst in den letzten Jahren immer häufiger in den Mittelpunkt des Interesses gerückt ist, spiegelt ein Meisterwerk des Schöpfers wider.

Wer sich davon anrühren läßt und zum Danken findet,

der füllt sich mit guten Vorstellungen;

der hat die Gewißheit, daß ihm alles zum Besten dienen wird;

der sieht die Welt mit positiven Augen;

der entdeckt die Sonne der Hoffnung hinter verhangenen Wolken;

der weiß, daß der lebendige Gott in guten und bösen Tagen bei ihm ist.

Wer dankt, stärkt sein Immunsystem.

VI. Schmerzen haben einen Sinn

Menschliches Leben ist ohne Schmerzen nicht denkbar. Säuglinge, Kinder, Erwachsene und Greise werden immer wieder von Schmerzen heimgesucht. Schmerzen gehören zum Lebensinventar eines Menschen. Sie können seelischer und körperlicher Natur sein. Wenn wir von der Leib-Seele-Einheit ausgehen, kann zwischen körperlichen und seelischen Schmerzen nicht unterschieden werden. Wir sprechen von einem einheitlichen Geschehen, das mal aus der psychischen, mal aus der körperlichen Sicht heraus beurteilt wird. Schmerzen gehen immer den *ganzen* Menschen an. Leib und Seele sind untrennbar miteinander verbunden. Die Schmerzen im kleinen Zeh berühren den Gesamtorganismus.

Viele Schmerzen jedoch erscheinen nur im Bewußtsein und nicht im Körper. Der *Phantomschmerz* ist dafür ein klassisches Beispiel:

Herr Wiese hat im letzten Krieg seinen Arm verloren. Nur ein 20 cm langer Stumpf ist geblieben. Er trägt eine Armprothese und kommt gut damit zurecht. Nur bei Wetterumschwüngen und zu bestimmten Jahreszeiten schmerzt ihm der Arm. Er erlebt einen rasenden Phantomschmerz in dem nicht mehr vorhandenen Arm.

Meine Frau hatte sich vor einiger Zeit den kleinen Zeh gebrochen. Die Schmerzen erfaßten den ganzen Menschen. Sie konnte nicht gehen, nur humpeln. Enge Schuhe verursachten sofort Schmerzen. Das ganze Leben, Denken, Fühlen und Planen wurde berührt. Spaziergänge, ein gemeinsamer Urlaub mit Freunden wurden plötzlich durchkreuzt. Der kleine Zeh kann ein normales Alltagsleben völlig durcheinanderbringen.

1. Der Schmerz in der Bibel

Altes und Neues Testament liefern uns viele Geschichten, die
Leid und Schmerzen widerspiegeln.

Sofort nach dem Sündenfall im Paradies müssen Adam und
Eva die Folgen ihres Ungehorsams tragen. Der Frau wird gesagt: „Du wirst viele Beschwerden haben, wenn du schwanger
bist, und unter Schmerzen wirst du deine Kinder zur Welt bringen" (1 Mose 3,16).

Der Schmerz wird zum Wegbegleiter des Menschen jenseits
von Eden. Die gute Schöpfung Gottes ist aus den Fugen geraten. Der Sündenfall hat die heile Welt und den heilen Menschen unheil gemacht. Der Schmerz ist Realität. Er gehört zu
uns. Dennoch ist er kein unabwendbares Schicksal, dem man
sich in jedem Fall fügen muß. Wenn Jesus sagt: „In der Welt
habt ihr Angst; aber seid getrost, ich habe die Welt überwun-
den", dann bringt uns das dem Geheimnis ein Stück näher:
Angst und Schmerzen sind da. Sie können aber angegangen,
bearbeitet, verarbeitet werden – wenn auch auf unterschiedliche Art und Weise.

2. Muskelschmerzen

Der Schmerz tritt in vielerlei Gestalt auf.

Wenn es draußen sehr warm ist und wir zum Schlafen nur
ein dünnes Hemd anziehen, dann können uns Zugluft und
Schwitzen Probleme bereiten. Das geöffnete Fenster kann für
ein schmerzhaftes Erwachen sorgen. Durch Abkühlung der
Muskulatur drohen Verspannungen an Hals, Schultern und
Rücken. Plötzlich können wir am Morgen den Kopf nur
schmerzhaft bewegen. Wir haben das Gefühl, die Sehnen-
stränge seien geschrumpft.

Was ist geschehen?

Ein Teufelskreis ist entstanden: Schmerzen verspannen die
Muskulatur, dadurch wird die Durchblutung und die Sauer-

stoffversorgung des Muskels vermindert, was wiederum zu weiteren Schmerzen führt.

Wenn wir ein Wärmepflaster o. a. im Haus haben, können wir den Schmerzen erfolgreich zu Leibe rücken. Das Pflaster aktiviert die körpereigene Wärme und löst die Verspannung. Millionen Menschen leiden an Muskelschmerzen. Kopfweh, Rückenschmerzen, Nackenschmerzen – also Schmerzen muskulären Ursprungs irgendwo im Körper – sind Probleme des ganzen Menschen. Denn alle Körperteile stehen in einer Wechselbeziehung. Fachleute schätzen, daß 90% aller chronischen Schmerzzustände muskulärer Herkunft sind. Sie beruhen auf Muskelverspannungen und Muskelverkrampfungen.

In Amerika sind Muskelverspannungen die Hauptschmerzverursacher. Man spricht von 70 bis 80 Millionen Menschen. Der Auslöser ist in den meisten Fällen Streß.

Ein Medizinjournalist schreibt in einem lesenswerten Buch: „Nachdem der Arzt aufmerksam zugehört hat, wie der Patient nicht nur seine Schmerzen, sondern auch seine Probleme beschreibt, stellt er die Diagnose, daß der Geschäftsmann an einer weitverbreiteten Krankheit des zwanzigsten Jahrhunderts leidet: dem Streß. Die Tatsache, daß Streß nicht durch Bakterien oder Viren hervorgerufen wird, läßt ihn in seinen Auswirkungen keineswegs ungefährlicher werden... Die Sorgen und Ängste des Patienten werden dabei in echte somatische Symptome umgewandelt, die große Schmerzen und sogar Lähmungen verursachen können."[1]

Die Schmerzen des Geschäftsmanns, den Cousins beschreibt, sind kein Hirngespinst, sie sind nicht eingebildet, nicht simuliert, sondern der ganze Organismus drückt Streß im Schmerz aus.

Christen wie Nichtchristen sind nicht in der Lage, mit Streß hilfreich fertig zu werden. Sie lassen sich von der allgewaltigen Konkurrenzgesellschaft zu Hektik und Leistungsstreß anspornen. Es ist heute unbestritten, daß viele spannungsbedingte Krankheiten auf verinnerlichten Streß zurückgeführt werden können. Seelisch einschneidende Erlebnisse, gute und schlechte, vor allem aber schlechte, machen den Menschen krankheitsanfälliger. Streß wird gestaut, er kann nicht ausgelebt und verarbeitet werden. Und die Organe müssen büßen.

Es ist wenig hilfreich, Schmerzen künstlich durch Medikamente zu unterdrücken. Der Grundfehler wird verschleiert. Die Folge: Der Schmerz verstärkt sich.

Sie haben vielleicht stressige Tage hinter sich und reagieren mit Kopfschmerzen. Statt sich Ruhe und Entspannung zu gönnen, greifen Sie zu Aspirin. Sie sind stolz auf sich, weil Sie trotz physischer Beschwerden Ihre Arbeit geleistet haben. Vielleicht haben Sie Ihrem Körper sogar ein Übersoll abverlangt. Solcher Umgang packt das Übel nicht an der Wurzel.

3. Auch Kränkung und Ablehnung tun weh

Menschen mit Minderwertigkeitsgefühlen und Komplexen laufen oft ein Leben lang mit seelischen Schmerzen herum. Das Gefühl, wertlos zu sein und sich klein und häßlich einzuschätzen, ist schmerzhaft. Störungen des Selbstwertgefühls sind eine weitverbreitete seelische Erkrankung unserer Zeit.

Viele Kinder, Jugendliche und Erwachsene werden in ihrer Selbstentfaltung behindert. Sie führen ein verkümmertes Leben, trauen sich nichts zu und blühen nicht auf. Der Schmerz, unvollkommen, ungeliebt und überflüssig zu sein, überschattet das gesamte Leben und beeinträchtigt die gesunde Entfaltung.

„Kinder sind hervorragende Beobachter, aber schlechte Interpreten", schrieb der Begründer der Individualpsychologie, Alfred Adler, vor Jahrzehnten. Aus Haltung, Mimik und Gestik der Erwachsenen schließen sie auf Bestätigung oder Ablehnung und bauen diese Erkenntnisse in ihren Lebensstil ein. Und wird dieser Lebensstil mit einer dunklen Brille korrigiert, das heißt, macht er zusätzlich negative Erfahrungen, dann läuft der Heranwachsende mit einer pessimistischen Lebensgrundüberzeugung durchs Leben. Er sieht sich als Versager und als Schwarzseher. Glück und Zufriedenheit haben die andern. Lebensfreude ist ein Fremdwort, der man mit verhaltenem Schmerz, der im Innern vergraben wird, nachjammert.

Wie Eltern und Erzieher ein Kind einschätzen, so schätzt es sich selbst später ein. Kinder ziehen Schlüsse aus den Erfahrungen, die sie mit Eltern und Geschwistern machen. Solche Kinder hören nur das Negative, wünschen Annahme und Bestätigung und fragen sich, was sie auf dieser Welt zu suchen haben.

Es gibt unzählige Aussagen, die Eltern und Erzieher bewußt oder unbewußt von sich geben und damit ihre Kinder diskriminieren. Verbal oder nonverbal untergraben sie das Erstarken einer gesunden Persönlichkeit.

„Was soll aus dir nur werden?"
„Du schaffst das nie!"
„Mit dir ist es immer dasselbe!"
„Ich bin gespannt, ob du das jemals lernst!"
„Kannst du denn niemals etwas ganz richtig machen?"
„Ich hab es ja immer gesagt: Du taugst nicht."
„Kein Wunder, daß du das nicht geschafft hast!"
„Mit dir sind wir nicht schlecht gestraft!"
„Jesus kann keine Freude an dir haben!"
„Du kannst das nie und nimmer vor Gott verantworten!"
„Du bist mal wieder an allem schuld!"

Die Wörter „nie" und „immer", „niemals" und „hoffnungslos" sind Gift für ein heranwachsendes Menschenkind. Sie zerschlagen systematisch das Selbstwertgefühl und programmieren *schmerz*hafte Versagensgefühle. Nicht nur äußerlich ist der Mensch angeschlagen, das Innerste wird bis ins Mark hinein verletzt. Solche Menschen schielen auf die andern, die auf *allen* Gebieten besser sind. Sie vergleichen sich und stellen fest:

. . . die andern sind *tüchtiger*,
. . . die andern sind *schneller*,
. . . die andern sind *intelligenter*,
. . . die andern sind *beliebter*,
. . . die andern sind *gläubiger*.

Diese Selbstwertkränkungen haben bedauerlicherweise einen starken Einfluß auf das spätere Glaubensleben. Ein Mensch findet zum Glauben, er will Christus fröhlich nachfolgen, wie es viele Mitchristen versuchen, und kann es nicht. Immer wieder kommen die alten Wunden zum Vorschein. Die gesprochenen oder eingeredeten Sätze der Eltern sitzen wie Giftpfeile in Kopf und Herz.

Diese Menschen hören die Botschaft der Bibel mit dem Kopf, aber es dauert sehr lange, bis die ganze Existenz den Worten zustimmt: „Also hat Gott die Welt geliebt, daß er seinen eingeborenen Sohn gab, auf daß alle, die an ihn glauben, nicht verloren werden, sondern das ewige Leben haben" (Joh 3,16). Wir *sind* Gottes geliebte Kinder.

Mir sagte eine Frau, die seit ihrer Kindheit von Selbstzweifeln durchlöchert war:

„Ich will es glauben, daß Christus mich liebt. Ich will es annehmen, daß er mich anerkannt hat. Ich werde mir Mühe geben, die Zweifel zu unterdrücken."

Ehrliche Aussagen, die die Schmerzen des Selbstzweifels widerspiegeln.

Sie *will* es glauben, also glaubt sie nicht.

Sie *will* es annehmen, daß sie gerettet ist, und kann es im Tiefsten nicht.

Sie *will* sich Mühe geben, aber die Zweifel kriechen durch alle Ritzen. Die Frau lebte ein verkrampftes und unerlöstes Christsein.

Wieviel Gespräche sind nötig, die jahrzehntelangen Negativgedanken des Elternhauses zu vergeben und hinter sich zu lassen. Wieviel Gebete sind notwendig, um den Ballast der Vergangenheit abzuschütteln und aus ehrlichem Herzen sagen zu können:

„Ich glaube, Herr, ich bin dein Kind."

„Ich glaube, Herr, du hast mich erlöst."

„Ich weiß, felsenfest, *nichts* kann mich von deiner Liebe trennen."

Wirkliche Vergebung geschieht auf drei Ebenen.

Ebene 1:	Wir empfangen von Gott Vergebung. Er vergibt uns unsere bösen Gedanken, unsere Flüche, unsere Wut, unsere Verbitterung und Enttäuschung, die wir jahrelang aufgestaut und im Innern schmerzhaft versteckt haben.
Ebene 2:	Wir vergeben allen, die uns Unrecht getan haben, die unser Selbstwertgefühl beeinträchtigt und zerstört haben. Wir vergeben den Eltern, Vater und Mutter, die uns nicht ernst genommen, die uns verletzt oder abgewertet haben.
Ebene 3:	Wir vergeben uns selbst. Wir brauchen Frieden mit uns selbst. Wir hören auf, in vergangenen Sünden und Kränkungen herumzustochern. Alte Geschichten lassen wir ruhen. Diese Selbstvergebung wird oft unterschätzt. Der Friede Gottes ist unteilbar, er betrifft alle genannten Ebenen.

4. Dem Schmerz eine Stimme geben

„Lerne leiden, ohne zu klagen." Dieser Satz ist den meisten Menschen vertraut. Von klein auf haben wir den Spruch gehört. Gutmeinende Eltern haben ihn an ihre Kinder weitergegeben. Selbstverständlich haben die Eltern „gute Absichten" dabei gehabt. Aber ich werde nicht müde zu beteuern. Die guten Absichten sind in der Regel Erziehungsfehler. Eltern wollen das Beste *für* ihre Kinder. Sie planen und denken *für* andere.

Der Gedanke, Leiden und Schmerzen zu verdrängen, hat einen Pferdefuß. Wo sollen die inneren Verwundungen und Schmerzen denn bleiben? Sie lösen sich nicht in Luft auf. „Im Keller heulen die Wölfe", schrieb der Philosoph Nietzsche.

Verwundungen und bittere Schmerzpunkte gibt es viele:

... Da ist die Frau, die „plötzlich und unerwartet" ihren Mann durch einen Herzinfarkt verloren hat. Stumm und fassungslos steht sie vor dem grenzenlosen Verlust.

... Da ist der Mann, der nach Hause kommt, und seine Frau ist mit ihrem Hab und Gut ausgezogen. Das Schlafzimmer ist halb leer, die Küche komplett ausgeräumt. Im Wohnzimmer fehlen Schränke und wertvolle Teppiche. Zurück bleibt ein Brief mit wenigen Abschiedszeilen.

... Da sind die Eltern, die ihr lebloses Kind auf dem Arm tragen, das von einem Auto tödlich verletzt wurde.

... Da sind junge und ältere Menschen, die mit schweren Kränkungen und Verleumdungen fertig werden müssen.

Es ist unmöglich, die Flut der inneren Verletzungen und Schmerzen aufzuzählen, die Menschen täglich verarbeiten müssen. Nicht wenige scheinen daran zu ersticken. Sie schweigen und unterdrücken mit aller Gewalt die unbeschreibliche Not.

Wer klagen kann, gibt seinen Schmerzen eine Stimme. Wer klagen und seinen Schmerz herausweinen kann, wird nicht schuldig an Krankheiten, die vermeidbar gewesen wären. Klagen, jammern und weinen sind eine Entlastung. Sie schwemmen die Schlacken und Giftstoffe, die uns krank machen können, hinaus.

Schon vor einigen tausend Jahren hat der Psalmist das Herausschreien von Schmerzen erkannt und geschrieben. „Gebeugt von Schmerzen, zerschlagen und voll Kummer schleppe ich mich von einem Tag zum andern ... Mit meiner Kraft bin ich völlig am Ende, die Qual ist zu groß, ich kann nur noch schreien (Ps 38,7–9).

Nicht schweigen, sondern klagen,
nicht hineinfressen, sondern heulen,
nicht stumm leiden, sondern schreien.

Im Beratungs- und Seelsorgeprozeß spielen Tränen eine wichtige Rolle. Wieviel Bitterkeit, ungeweinte Schmerzen und heruntergeschlucktes Leid brechen bei vielen heraus. Der angeschwollene Eiterherd, der oft eine lange Entstehungsgeschichte hinter sich hat, bricht auf. Der verschleppte Heilungsprozeß kann in Gang kommen.

5. Wenn der Rücken schmerzt

Rückenschmerzen sind eine typische Zivilisationskrankheit.
Wir *sitzen* im Auto,
wir *sitzen* bei der Arbeit,
wir *sitzen* vor dem Fernseher.
Sitzend verbringen die meisten Menschen ihre Zeit. Und die
Folge? Je länger wir, ohne unsere Rückenmuskeln zu stärken,
im Büro und vor dem Fernseher sitzen, desto unelastischer reagiert der Rücken.

Auch bei Rückenschmerzen gilt: Das Streß-Syndrom ist für
die meisten Verspannungen und Schmerzen verantwortlich.
Wenn unsere Muskeln durch mangelndes Training schon ver-
steift und verhärtet sind, machen seelische Spannungen das
Maß voll. Der Streß im Büro schafft eine spannungsgeladene
Atmosphäre. Die Nerven kommen nicht zur Ruhe. Zu den ver-
spannten Muskeln kommt psychische Belastung hinzu. Eine
falsche Bewegung, ein falscher Tritt, eine ungewohnte Drehung
des Körpers, und es kommt zum akuten Muskelkrampf. Der
vielbesprochene „Hexenschuß" hat den Menschen zur Unbe-
weglichkeit verdammt.

Der Arzt muß sich anhören:
... ich habe doch *nur* das Laub im Garten zusammengekehrt,
... ich habe doch *nur* vor dem Haus Schnee geschippt,
... ich habe doch *nur* den Mülleimer vor die Tür gestellt.

Auch Rückenschmerzen sind ein Problem des ganzen Menschen. Nicht der Rücken in erster Linie ist krank, sondern der
Mensch in seinem Denken und Handeln. Der Lebensstil zeigt
auf, wo das geistliche Manko versteckt ist.

Schauen wir uns Herrn Scheicher etwas genauer an. Er ist
Geschäftsführer einer Stahlfirma. Die Stahlbranche hat große
Wettbewerbsschwierigkeiten. Die Verarbeitung grober Stähle
ist unrentabel geworden. Außerdem mußten in Europa viele
Firmen mit der Erzeugung von Stahl zurückfahren. Er arbeitet
zehn bis zwölf Stunden täglich. „Wenn meine Leistung nicht
ausreicht, stehe ich von heute auf morgen auf der Straße. Ich

bete regelmäßig, lese meine Bibel und besuche den Gottesdienst. Irgend etwas stimmt nicht."

Bei näherem Hinsehen wird deutlich:

Herr Scheicher ist noch weit davon entfernt, für seine quälenden Rückenschmerzen die Verantwortung selbst zu übernehmen.

„Ich bin kaputtgemacht worden", sagt er.

In Klartext: Seiner Meinung nach tragen die anderen die Verantwortung. Die Wirtschaftssituation spielt Schicksal.

... Herr Scheicher spricht von „unglücklichen Umständen",
... er steht unter einem aufgezwungenen „Muß",
... er hat resigniert und das Interesse für eine gesunde Lebensführung aufgegeben.

Herr Scheicher bekam von seinem Orthopäden geraten, sich einem „gründlichen Seelen-TÜV" zu unterziehen. Er ist verspannt von Kopf bis Fuß. Der Mittvierziger geht wie ein alter Mann. Er stöhnt, wenn er sich setzt und aufsteht.

Jetzt sprechen die Organe. Sie melden die Überforderung an. Sie signalisieren uns, daß im Zentrum unserer Persönlichkeit falsch programmiert wird.

Nicht nur mit dem *Herzen* wollen wir Gott dienen,

nicht nur mit dem *Gemüt* wollen wir Gott preisen,

sondern mit *Seele, Geist und Leib* wollen wir ihm nachfolgen.

6. Fragen zum Nachdenken

– Welche (unnützen) Lasten haben Sie sich auf die Schultern gepackt?
– Gegen wen oder was glauben Sie Rückgrat zeigen zu müssen?
– Ist Ihre Hartnäckigkeit christlich zu verantworten, oder ist es Starrheit?
– Was schränkt Ihre Gradlinigkeit und Aufrichtigkeit ein?

- Sind Sie unbeugsam aus Ehrgeiz oder aus Verantwortung? Kann es sein, daß Sie sich die Verantwortung einreden möchten?
- Sind Sie gewillt, größere Ruhepausen einzulegen, oder wollen Sie Ihren Körper noch stärker unter Druck setzen?
- Müssen Sie Standfestigkeit beweisen, weil Ihre Minderwertigkeitsgefühle Sie dazu zwingen?
- Welche konkrete ungeistliche Einstellung vermuten Sie am stärksten hinter Ihren Symptomen?
- Was wollen Sie gezielt tun?

7. Kopfschmerzen

Es gibt mehrere Ursachen für unsere Kopfschmerzen. Keine Schmerzform läßt so schnell zu Tabletten greifen. Tabletten dämpfen, aber sie heilen keineswegs die Schmerzen.

Internationale Schmerzforscher sind der Meinung, daß neun Zehntel aller Kopfschmerzen mit Muskelverspannungen und -verhärtungen zu tun haben. Ein Großteil wird durch das wenig bekannte Costen-Syndrom verursacht. Das Syndrom, das von einem amerikanischen Hals-Nasen-Ohren-Spezialisten entdeckt wurde, kennzeichnet eine veränderte Stellung und Mechanik der Kiefergelenke. Diese Fehlbelastung und Stellungsanomalie der Unterkiefer verursacht die unterschiedlichen Kopfschmerzen.

Die meisten Kopfschmerzen sind also Spannungskopfschmerzen. Sie werden durch verhärtete, spastische Muskeln erzeugt. Im Hintergrund steht Streß, der seelisch, umweltbedingt und körperlich bestimmt sein kann.

Eine besondere Kopfschmerzform ist die *Migräne*. Die Migräneneigung kann vererbt sein. Wenn beide Eltern Migräne hatten, ist es zu 75% wahrscheinlich, daß die Kinder auch mit Migräne reagieren. Neun Zehntel aller Frauen sind Migräneleidende. Viele erleben den Anfall zu Beginn des Menstruationszyklus.

Die enge Beziehung zwischen Migräne und Streß wurde schon vor Jahrzehnten festgestellt. Dabei ist interessant, daß Migräne *nicht* dann auftritt, wenn der Streß am größten ist, sondern wenn sich der Mensch in der Freizeit befindet, wenn er ins Wochenende fährt. So ist der Sonntag ein besonderer Migränetag. Woher kommt das?

– Der Migränepatient sieht in erster Linie in der Arbeit den Sinn seines Lebens;
– der Migränepatient ist unsicher und legt gesteigerten Wert darauf, daß man ihn mag;
– der Migränepatient strebt intensiv danach, sein Gefühl der Wertlosigkeit zu verringern;
– der Migränepatient ist aufopferungsbereit und lädt sich eine große Verantwortung auf;
– der Migränepatient packt seine Arbeit fanatisch, gewissenhaft und pflichtbewußt an;
– der Migränepatient hat das Gefühl, daß seine Arbeit nicht entsprechend geschätzt wird, ja, er schätzt sich nicht einmal selbst positiv ein.

Ist es ein Wunder, daß diese Menschen in der Freizeit zusammenbrechen?

Wenn wir als Christen ganzheitlich denken, spielt der Kopf im Leben des Menschen eine besondere Rolle. Ich stelle einige Aspekte heraus, die den Kopf charakterisieren:

– Er ist die oberste Instanz, die den Menschen in erster Linie repräsentiert;
– mit dem Kopf be-haupt-en wir uns;
– der Kopf ist der Ort, wo Verstand, Vernunft und Denken beheimatet sind;
– der Mensch kann einen *kühlen Kopf* behalten und sich den *Kopf zerbrechen:*
– der Mensch kann *dickköpfig* reagieren und mit *dem Kopf durch die Wand* wollen;

– der Mensch kann ein *Brett vor dem Kopf haben.*

Welche Bedeutung kann der Kopfschmerz haben? Der katholische Theologe und Psychotherapeut Jörg Müller gibt folgenden Denkanstoß:

„Es ist ein Symptom eines dickköpfigen Charakters, der mit dem Kopf durch die Wand will.

Es ist der Ausdruck eines übertriebenen Ehrgeizes, dem irgendein Ziel zu Kopf gestiegen ist.

Es ist die Folge eines festgebissenen Problems, das buchstäblich Kopfschmerzen bereitet.

Es ist die physio-logische Konsequenz für eine ungesunde Lebensweise: Sauerstoffmangel, Alkohol, Lärm, übertriebenes Sonnenbaden.

Es ist Begleitsymptom einer Augenerkrankung, eines Tumors, eines Hals-Wirbel-Syndroms.

Es ist eine allergische Reaktion auf Amalgam (Zahnfüllung) oder andere Stoffe."[2]

Hier wird treffend charakterisiert, was uns als Christen an falschem Ehrgeiz und Machtstreben alles zu Kopf steigen kann. Wir wollen herrschen und den Kopf oben behalten. Wir wollen recht behalten, bis uns der Schädel brummt.

Keiner von uns muß lange suchen, um die sündhaften Motive ans Licht zu holen. Der Kopfmensch und der Leistungsanbeter haben es besonders schwer, ihr ichsüchtiges Verhalten vor dem lebendigen Gott in Frage zu stellen.

8. Schmerzhafte Krisen – wie gehen wir damit um?

Große Schmerzen können Lebenskrisen signalisieren.
Schmerzhafte Krisen sind Reifungshilfen,
schmerzhafte Krisen sind keine Katastrophen,
schmerzhafte Krisen sind Lebenschancen,
schmerzhafte Krisen sind Herausforderungen Gottes.

Aber die Schmerzen können auch verdrängt und betäubt werden. Wenn alle fünf Sinne durch Streß unsere Zentrale im Gehirn überlasten, ist sie nicht mehr in der Lage, die Impulse, die von innen und außen kommen, zu dechiffrieren. Schmerzen werden erdrückt und bewußtlos gemacht.

Professor Dr. Wilder-Smith berichtet in einem seiner Bücher von einem interessanten Experiment:

„Ein Zahnarzt diskutierte mit einem Patienten über die Funktion des Nervensystems. Der Zahnarzt behauptete, er könne dem Patienten einen Zahn ziehen, ohne Betäubungsmittel zu gebrauchen, und der Patient würde es nicht einmal spüren.

Der Zahnarzt wählte folgende Methode, um seine Behauptung zu beweisen. Er gab seinem Patienten einen Kopfhörer, der an einen leistungsfähigen Verstärker angeschlossen war. Der Verstärker wurde mit lauter Musik gespeist. Dann wies der Zahnarzt seinen Patienten an, sobald er während des Zahnziehens Schmerzen empfände, die Lautstärke zu erhöhen. Dieser befolgte den Rat, und tatsächlich gelang dieses Experiment.

Das Prinzip ist ganz einfach. Die Zentrale im Gehirn wurde mit Botschaften vom Ohr her derart überlastet, daß, als die Schmerzimpulse vom Kiefer gesendet wurden, sie nicht mehr verarbeitet werden konnten. Deshalb wurden keine Schmerzen vom Kiefer her gemeldet, obwohl sie gesendet wurden. Somit kann man also von einer Impulsaussendung ohne Registrierung oder Bearbeitung im Entzifferungszentrum sprechen. Auf diese Weise läßt sich durch eine Überbelastung dieses Zentrums im Gehirn eine *Betäubung* herbeiführen. *Diese Betäubung ist eine Folge von Streß.*"[3]

Das Beispiel zeigt, daß unser Zentrum im Gehirn, das einer leistungsfähigen „Telefonzentrale" entspricht, durch starken Streß überlastet werden kann. Dieses Zentrum kann nur eine bestimmte Anzahl von Impulsen pro Sekunde verarbeiten. Wird das Entzifferungssystem von den Schmerzimpulsen erdrückt, entsteht eine Art „Denkblockade". Das heißt, Schmerzimpulse können durch Lärmimpulse überdeckt und ausgeschaltet werden. Wenn wir unsere Schmerzen aber nicht betäuben, sondern uns den Ursachen stellen, können wir vielleicht eine Krise in unserem Leben feststellen.

Der Prophet Jona erlebte eine solche Krise.

Er gerät durch Ungehorsam in eine äußerst schmerzhafte Krise. Er flieht, aber Gott holt ihn ein. Ein großer Fisch verschlingt den Propheten. Der Tod zeigt seine Schatten. Für Jona muß dies die schmerzlichste Erfahrung seines Lebens gewesen sein.

Der Theologe Michael Nüchtern beschreibt die Geschichte an einer Stelle so:

„Maler aller Zeiten haben dargestellt, wie Jona aus dem Fisch wieder herauskommt. Wenn wir diese Bilder betrachten, kann uns auffallen, daß man Jona kahlköpfig gemalt hat. Jona hat, wie man sagt, Haare lassen müssen. Haare sind ein Bild für Lebenskraft. Als Jona aus dem Fisch herauskommt, ist er ein anderer als der, den der Fisch verschlungen hat. Er hat etwas erlebt, was man nur schwer mitteilen kann: Schmerz und Verlust. Das steht ihm auf den Leib geschrieben."[4]

Der schmerzvolle Weg in die Nacht hat aus Jona einen anderen Menschen gemacht. Gott will uns nicht strafen, Jesus hat das im Neuen Testament ausdrücklich betont. Aber er kann uns „züchtigen", er kann uns zu sich ziehen, und er kann in Krankheiten und Schmerzen zu verstehen geben, daß wir unser bisheriges Leben in Frage stellen müssen, wenn wir heil werden wollen.

VII. Die Persönlichkeit des Asthmatikers

Die Atmung ist eine *vegetative* Funktion, das heißt, sie kann vom Willen nicht gesteuert werden. Und doch ist der Mensch in der Lage, schnell oder langsam, tief oder oberflächlich zu atmen. Der Mensch kann den Atem anhalten. Daraus wird deutlich, daß die Atmung unserem Bewußtsein näher steht als andere vegetative Funktionen. Erregung, Schock, Angst, Freude und Gefühlserlebnisse beeinflussen die Atmungstätigkeit. Atmung steht im Dienste des Sprechens und Riechens. Im Sprechen geben wir etwas an die Außenwelt ab, beim Riechen nehmen wir etwas von der Außenwelt auf. Bei Atemstörungen sind also Beziehungen zur Umwelt gestört.

1. Der Atem

Die beiden Pole Einatmen und Ausatmen bilden durch ihren ständigen Wechsel einen Rhythmus. Beide Pole sind aufeinander bezogen. Der eine existiert nicht ohne den anderen. Einatmen und Ausatmen gehören zusammen.

Bei der Einatmung entsteht *Spannung*, bei der Ausatmung *Entspannung*. Diese Entspannung fehlt dem Asthmatiker. Seine Ausatmung ist gedrosselt. Es liegt eine Verengung der kleinen Bronchien und Bronchiolen vor, die durch einen Krampf der glatten Muskulatur, einen entzündlichen Reiz der Atemwege und eine allergische Schwellung der Schleimhaut verursacht sein können. Durch die Einatmung wird der in der Luft enthaltene Sauerstoff den roten Blutkörperchen zugeführt. Beim Ausatmen geben wir Kohlendioxyd wieder ab.

Die Lunge ist das Organ, in dem sich Asthma abspielt. Sie ist in besonderem Maße Ausdrucksorgan seelischer Prozesse. Seelische Nöte kommen zur Sprache,

... wenn wir lachen und weinen,
... wenn wir seufzen und jammern,
... wenn wir sprechen und schimpfen,
... wenn wir flüstern und schreien,
... wenn uns bei Furcht und Schrecken der Atem stockt.

Glückliche Menschen atmen tief und langsam.

Der Atem spielt in der biblischen Schöpfungsgeschichte eine große Rolle. Gott hauchte dem „Erdenkloß" seinen göttlichen Atem (Odem) ein, und der Mensch wurde zu einer lebendigen Seele. Das griechische Worte für Seele heißt *psyche*. Es bedeutet: Atem, Hauch, Seele, Leben. Darum sagen wir auch:

„Jemand hat sein Leben ausgehaucht",
„Herr L. hat seinen letzten Atemzug getan",
„Es ist kein Atem mehr in ihm."

Atem ist der Träger des Lebens. Er verbindet uns Menschen miteinander. Der Atem hat also etwas mit Kontakt und Beziehung zu tun.

2. Luft und Atem in Redensarten

Es gibt viele Redensarten und Sprichwörter, die mit dem Atem verknüpft sind. Sie drücken in der Regel treffend aus, welche Lebensgrundstimmung in einem Ereignis vorherrscht.

„Die Frau bekam in dem Raum keine Luft mehr."
„In der Gemeinschaft kann ich nicht mehr frei atmen."
„Das Ereignis war für sie „atem-beraubend."
„Endlich kann ich wieder aufatmen!"
„Der Mensch hat einen enormen Lufthunger."
„Dieser Mensch nmmt mir die Luft zum Atmen."

Ein Mensch „ringt nach Luft" oder kann „den Hals nicht voll genug bekommen".

„Ihm bleibt die Luft weg."
„Der bläht sich aber auf!"
„Ich werde dir was husten."
„Er schnappt vor Zorn nach Luft."

Wer den Worten genau nachspürt, entdeckt, wieviel Wahrheit sich hinter solchen spontanen Äußerungen verbirgt. Unsere Sprache hilft uns, den unbewußten Motiven einen Sinnzusammenhang zu verleihen. Mit den unbewußten Motiven werden auch die unverstandenen Ziele deutlich, die wir eigentlich verfolgen. Jeder Mensch verfolgt Ziele, der Gesunde und der weniger Gesunde. Diese Ziele können kooperativ, egoistisch oder gemeinschaftsfeindlich sein.

3. Was beim Asthmaanfall geschieht

Drei Dinge erlebt der Betroffene entweder gleichzeitig, getrennt voneinander oder nacheinander.

a) Schleimhautschwellung
Die Schleimhaut in den Bronchien, also die feinen Röhrchen innerhalb der beiden Lungenflügel, schwellen an und verengen den Querschnitt der Bronchien, die in Mitleidenschaft gezogen sind. Dadurch kann weniger Luft einströmen.

b) Schleimabsonderung
Die Schleimhaut sondert überdurchschnittlich viel zähen Schleim ab, so daß die Bronchien ebenfalls verengt werden und weniger Luft in die Lunge hineinlassen.

c) Bronchialkrampf
Die Röhrchen, die man Bronchien nennt, sind mit einer Muskulatur überzogen. Beim Asthmaanfall verkrampfen sich die Muskeln und pressen die Bronchien zu engen Röhren zusammen.

Alle drei Vorgänge verstärken sich wechselseitig, so daß nur wenig Luft in die Lunge einströmen kann. Die Verengung wird bei jeder Ausatmung noch verstärkt. Die Folge ist, daß die verbrauchte Luft nicht ausgeatmet werden kann. So füllt sich die Lunge zunehmend mit verbrauchter Luft.

Der Sonderschullehrer Werner Zenker, selbst Asthmatiker, beschreibt in einem Versuch, wie jeder Erwachsene einmal ausprobieren und nachempfinden kann, welche Nöte ein Asthmatiker erlebt.

„Nehmen Sie eine Plastiktüte (etwa eine größere Gefriertüte). Atmen Sie in diese Tüte aus und ein, wobei Sie sie direkt an den Mund halten und darauf achten, daß keinerlei Frischluftzufuhr möglich ist. Sie erleben so in wenigen Minuten, fast im Zeitraffer, den Verlauf eines Asthmaanfalls von beginnender Atemnot bis zu starken Beschwerden mit Erstickungsgefühlen, begleitet durch die typischen Erscheinungen Herzklopfen, Sauerstoffunterversorgung und Schweißausbrüche."[1]

Der Versuch hat den Sinn, die unaussprechliche Angst und Not eines Asthmatikers verstehen zu können.

4. Die unterschiedlichen Formen des Asthmas

Es gibt nicht *das* Asthma. Diese Krankheit ist gekennzeichnet durch eine Vielzahl verschiedener Ursachen. So verschieden die Ursachen sind, so unterschiedlich können auch die Erscheinungsformen sein.

Für alle diese Komplikationen ist in erster Linie der *Facharzt* zuständig. Ein Seelsorger, der nicht *ausgiebig* mit diesem Krankheitsbild vertraut ist, sollte von der Behandlung grundsätzlich seine Finger lassen. Es gibt mindestens sechs verschiedene Asthmaformen:

Infektasthma
Viele neigen zu der irrigen Meinung, Asthma sei *grundsätzlich* das Ergebnis einer Erkältung. Häufig hat sich Asthma bei Kin-

dern in der Tat aus Erkältungen entwickelt. Beim Infekt kommt es ähnlich wie beim Asthma zur Schleimhautschwellung und zur Schleimabsonderung.

Allergisches Asthma
Allergie beinhaltet eine *Überempfindlichkeit*. Schon übermäßig viel Staub kann eine Allergie auslösen. Auch wenn man auf bestimmte Nahrungsmittel empfindlich reagiert, spricht man von Allergie. Der Körper eines allergischen Menschen reagiert auf viele Umweltbedingungen überempfindlich. Alles, was eine solche Allergie auslösen kann, wird *Allergen* genannt. Die Neigung, allergisch zu reagieren, kann erblich bedingt sein. Sie kann aber auch erworben werden. Je häufiger und intensiver der Kontakt mit solchen Allergenen stattfindet, desto wahrscheinlicher wird eine allergische Erkrankung. Daß Allergene allerdings nicht ausschließlich und auch nicht in erster Linie als Verursacher für Asthma angesehen werden dürfen, machen viele Forschungen deutlich. Denn schon die *Vorstellung* des Menschen kann einen allergischen Asthmaanfall auslösen.

Der amerikanische Arzt Larry Dossey schreibt dazu:

„Die ökologisch-umweltbezogene Behandlungsform ... beging den simplen Beurteilungsfehler, allergische Wirkstoffe einfach aus kausaler Sicht zu betrachten.

‚Allergisch' gegen eine Substanz zu sein, das war ein objektives Phänomen, dessen man sich therapeutisch annehmen konnte – so dachte man. Man beseitigte dann die Allergiestoffe, und das Asthma wird geheilt. Das derart vereinfachte Denken ließ die Tatsache unberücksichtigt, daß *nicht* allergische Personen asthmatische Beschwerden bekommen, wenn man ihnen suggeriert, sie seien gegen eine bestimmte (in Wahrheit unschädliche) Substanz allergisch ... Diese Erkenntnis ist keineswegs neu. Schon im Jahre 1930 beobachtete Hill, daß bereits das Bild einer Wiese mit Heublumen, bei besonders empfindlichen Personen, einen Anfall von Heuschnupfen verursachen kann."[2]

Die Beispiele zeigen, wie geheimnisvoll Leib und Seele miteinander verknüpft sind.

Nächtliches Asthma

Viele Asthmaanfälle treten regelmäßig nachts auf. Auch die Angehörigen werden mit in die Störung des Schlafes hineingezogen. In beschlafenen Betten *können* sich Hausstaubmilben aufhalten, die das nächtliche Asthma auslösen. Es *kann* aber auch die regelmäßige *Erwartungsangst* (also eine sich selbst erfüllende Prophezeiung) an sich zum Anfall verhelfen, da man ja regelrecht darauf „wartet".

Anstrengungsasthma

Bei ca. 80% der Asthmatiker kommt es bei körperlichen Belastungen zu Atemnotstörungen. Dann tritt eine Verkrampfung der Bronchien ein. Der Vorteil ist, daß Atembeschwerden, die durch große Anstrengungen entstanden sind, nach etwa 20 bis 30 Minuten wieder abklingen.

Seelisch verursachtes Asthma

Seelische Ursachen, die allein verantwortlich gemacht werden können, gibt es wahrscheinlich nicht. Welche Faktoren sind es aber, die das Asthma verstärken?

- Ängste, am normalen Leben nicht teilnehmen zu können;
- Angst, auf der Leistungsebene nicht mithalten zu können;
- Kinder und Erwachsene lernen, sich vor bestimmten Lebensaufgaben zu drücken;
- Kinder und Erwachsene lernen, ihren Willen mit Asthma durchzusetzen;
- problematische Ereignisse, Tod eines Elternteils, Tod eines Geschwisters, Geburt eines weiteren Geschwisters, u. ä. können Asthma auslösen oder verstärken.

Asthma auslösende Substanzen

Bei vielen Asthmatikern besteht die Neigung, auf verschiedene Substanzen mit Atemnot zu reagieren. Dazu gehören

- extreme Hitze oder Kälte,
- stechende, beißende Gerüche,
- übermäßig trockene oder feuchte Luft,

- starke Staubentwicklung,
- beißender Rauch und Qualm.

5. Was den Asthmatiker kennzeichnet

Diese Krankheit ist ein besonders eindrucksvolles Beispiel für psychosomatische Zusammenhänge. Der Asthmaanfall wird von dem Betroffenen als lebensbedrohliche Erstickung erlebt. Er ringt nach Luft und kann doch in Wirklichkeit die Luft nicht loswerden.

a) Husten statt Weinen

Für jeden, der danebensteht, ist nachvollziehbar, wie der Asthmatiker anfallsartig innerhalb weniger Minuten von seinen Leiden gequält wird. Die Asthmabeschwerden sind sichtbar und hörbar. In der Psychosomatik wird immer wieder darauf hingewiesen, daß der Asthmaanfall wie ein unterdrücktes Weinen wirkt bzw. wie ein Schrei sowohl *nach* der Mutter als auch *gegen* die Mutter. Viele Forscher sehen im Bronchial-Asthma das Sich-Äußern einer schweren Störung der Mutter-Kind-Beziehung. Die Abhängigkeit von der Mutter wird gleichzeitig ersehnt und abgelehnt.

b) Seelische Auslöser für asthmatische Anfälle

Psychosomatiker haben drei Typen herauskristallisiert, die vor einem Anfall mit bestimmten psychischen Erlebnissen konfrontiert wurden.

Typ 1: Bei ihm können vorausgegangen sein:
Trennungsängste und Ängste, abgelehnt zu werden.

Typ 2: Vor dem Anfall erlebt der Patient heftige aggressive Gefühle, die er aber aus unterschiedlichen Gründen nicht äußern kann. Dieses unterdrückte Gefühl setzt den Anfall in Gang.

Typ 3: Es handelt sich um Menschen, die unfähig sind, sich abgrenzen und erfolgreich zur Wehr setzen zu können.

Sie reagieren eher weich und angepaßt. Asthmatische Erwachsene neigen in problematischen Situationen dazu, sich zurückzuziehen, sich innerlich und äußerlich zu distanzieren und unangenehme Ereignisse zu übersehen.

c) Gehäufte Asthmaanfälle können Entscheidungen steuern und beeinflussen

Herr B. ist seit vielen Jahren Asthmatiker. Eine erhebliche Verschlechterung ist eingetreten, nachdem seine Frau mit dem Gedanken spielt, eine Modeboutique zu eröffnen. Herr B. ist mit diesem Plan überhaupt nicht einverstanden. Er hat Angst, seine Frau nur noch am Wochenende zu sehen. Außerdem plagen ihn finanzielle Befürchtungen. Jedesmal, wenn der Plan der Frau einen guten Schritt weiter vorwärts kommt, reagiert Herr B. mit einem schweren Asthmaanfall. Der Zusammenhang ist offenkundig. Seine Frau verspricht ihm, den Boutique-Plan nicht in die Tat umzusetzen, solange die Asthmaanfälle nicht deutlich nachgelassen haben. Diese Anfälle werden selbstverständlich nicht bewußt lanciert, sondern spiegeln eine Abwehr wider, die nicht verbal, sondern körperlich zur Sprache gebracht wird.

d) Geben und Nehmen befinden sich nicht im Gleichgewicht

Wie bereits erwähnt, stellt der Atem ein gleichmäßiges Wechselspiel zwischen Einatmen und Ausatmen, zwischen Geben und Nehmen dar. Der Asthmatiker will viel nehmen, er atmet voll ein, und es kommt zur Überblähung der Lunge. Die Folge ist ein Atemkrampf. Jedes Ungleichgewicht zerstört den ausgependelten Rhythmus. Das Nehmen steht bei Asthmatikern im Vordergrund. Er kann schlecht hergeben. Dies gilt auch für Menschen, die nur zu geben scheinen. Es geht um das Nehmen-*Wollen*, um das Nicht-loslassen-Wollen, um das Haben-Wollen, um das Geliebt-werden-Wollen. Er vergiftet sich, weil er das Verbrauchte, die Kohlensäure, schlecht abgeben kann.

Eindeutig kennzeichnet die Bibel den umgekehrten Rhythmus, der uns beglückt und erfüllt:

„Denkt an die Worte des Herrn Jesus, der gesagt hat: Geben ist seliger als nehmen" (Apg 20,35).

In der sogenannten Feldpredigt Jesu, die im übertragenen Sinne als „Regierungserklärung" bezeichnet werden kann, formuliert Jesus: Schenkt, dann werdet Ihr beschenkt werden, und zwar so überreich, daß Ihr gar nicht alles fassen könnt (vgl. Lk 6,38).

Geben und Schenken – ein geistliches und therapeutisches Ziel. Wenn wir Gedanken und Vorstellungen, die unlösbar mit Nervensystem und Atmung verbunden sind, korrigieren lassen, dann trainieren wir – auch mit Hilfe des Gebetes – eine neue Lebensgrundeinstellung. Der Rhythmus von Einatmen und Ausatmen kann ins Gleichgewicht kommen.

e) Der Asthmatiker schließt sich ab

Jeder Mensch „macht zu", wenn Unangenehmes von draußen in ihn eindringt. Es gibt Stoffe und Gase, die den Körper veranlassen, durch eine reflektorische Schutzreaktion sich abzuschließen. Der Asthmatiker erlebt die harmlosesten Stoffe der Umwelt bereits als lebensbedrohlich und verschließt sich dementsprechend.

Die griechische Sprache kennzeichnet mit Asthma *Engbrüstigkeit.* Im Lateinischen heißt eng *angustus.* Dieses Wort ist mit Angst verwandt. Angst und Enge sind untrennbar miteinander verbunden. Asthma erzeugt Angst, und Angst verstärkt das asthmatische Geschehen. Wovor verschließt sich der Asthmatiker? Was wehrt er ab?

f) Der Asthmatiker hat einen Dominanzanspruch

Der Asthmatiker will herrschen, gesteht sich aber diesen Herrschaftsanspruch nicht ein. Der Anspruch wird in den Körper hinein verschoben. So kann es zu der buchstäblichen „Aufgeblasenheit" kommen. Schwer kann er mit Herrschaftsansprüchen anderer umgehen. Wird seine Dominanz in Frage gestellt, verschlägt es ihm die Sprache. Er kann nicht ruhig ausatmen. Besonders bedrohlich sind Asthmaanfälle, wenn der Betroffene mit Dominanz anderer Menschen konfrontiert wird. Das können Partner oder Vorgesetzte sein. Je mehr sein Machtanspruch in Frage gestellt wird, desto drastischer erlebt er seine Schwäche und Hilflosigkeit, sein Gefühl des Klein-Seins.

6. Asthma und Ehebruch – ein Fallbeispiel

Frau B. ist 32 Jahre alt, verheiratet und hat zwei Kinder im Alter von sechs und vier Jahren. Sie schildert, daß sie eine gläubige Frau sei und alles Schmutzige im Leben hasse. Im Laufe des ersten Gesprächs betont sie auffallend häufig ihre Abneigung gegen Sünde, gegen Unrecht, Schmutz und vor allem gegen sittliche Ausschweifungen.

Seit zwei Jahren leidet sie unter Asthma. Ihre Ehe schildert sie als glücklich. Allerdings, meint sie, sei seit den Asthmaanfällen eine Trübung der ehelichen Beziehungen eingetreten. Sie versucht selbst, Zusammenhänge aufzuzeigen und erzählt, daß sie vor zwei Jahren mit einer Reisegesellschaft nach Mallorca in Urlaub gefahren sei. Ihr Mann sei ein introvertierter, distanzierter und etwas gehemmter Mann, der auch in Liebesangelegenheiten nicht allzusehr aus sich herausgehe. Auf der Insel habe eine ausgelassene Atmosphäre geherrscht, und einige Duzfreundschaften hätten sich ergeben. Eines Abends sei es zu intimen Beziehungen mit einem der Reiseteilnehmer gekommen, der auch mit seiner Frau auf der Insel Urlaub machte. Es sei „leider bis zum Letzten" gekommen, wie sie sich ausdrückt, und sie litte seit der Zeit erheblich darunter. Im Grunde sei sie aber frigide und könnte nicht verstehen, daß es überhaupt so weit kommen konnte. Da ihr Mann so kühl und zurückhaltend sei, wäre es für den offenherzigen und charmanten Mann leichter gewesen, sie zu umgarnen. Sie hätte sich stark geziert, aber das hätte dem Herrn allem Anschein nach besondere Verführungskräfte verliehen. Von vornherein hätte sie sich

96

gegen die Fahrt gesträubt, gegen das weltliche Unternehmen, gegen das lockere Klima und gegen die Leichtfertigkeit einiger Frauen. Ihre Sünde könne sie sich nicht verzeihen. Sie sei unendlich tief gesunken, aber dafür müsse sie mit Anfällen büßen. Die „Sache" sei etwa gegen 20 Uhr passiert, und am nächsten Tag hätte sie zum ersten Mal – wiederum abends gegen 20 Uhr – mit einem Asthmaanfall reagiert. Asthmaanfälle bekäme sie auch heute nur abends und immer kurz vor dem Essen – wie damals in Mallorca. Weiterhin sei merkwürdig, daß sie seit der Zeit keine Bratwürstchen mehr genießen könne, ohne nicht anschließend „Quaddeln im Gesicht" zu bekommen. Die Haut sei rot und geschwollen, und sie hätte jedesmal den Eindruck, in Brennesseln gelegen zu haben. Der Arzt, den sie befragt habe, hätte auf *Nesselsucht* getippt und ihr Menthol-Spiritus und Zitronensaft zur Linderung empfohlen. Nach einem halben Tag seien die geröteten Schwellungen wieder verschwunden. An dem Abend, an dem der Ehebruch passierte, hätte ihr Mann auf einem Grillgerät für eine Party Würstchen gegrillt.

Hilfen zum Verständnis für die Seelsorge:
    Persönlichkeitsmerkmale von Frau B.
a) Überempfindlichkeit
Den Asthmatiker charakterisieren im allgemeinen eine erhebliche Geruchsempfindung und Überempfindlichkeit. Das ist nicht immer so ausgeprägt, aber sehr häufig. Zurückzuführen ist das auf ihre besondere Sensibilität. Überempfindlich reagieren sie oft – wie unsere Ratsuchende – auf schmutziges und unsauberes Verhalten in der Umwelt. Unterläuft ihnen selbst ein Fehler, reagieren sie selbstverständlich auch überempfindlich. Viele Asthmatiker versuchen, ihr Leben nach einem hohen Standard auszurichten in bezug auf Sauberkeit, Anständigkeit, Moral, Ehrlichkeit und Sündlosigkeit. Sie *leiden*, wenn ihre Umgebung oder sie selbst diese Tugenden mißachten. Im Grunde möchten sie am liebsten das Unrecht in der Welt ausmerzen und den Schmutz entfernen. Sie entwickeln starke innere Aggressionen gegen alles Böse und Sündhafte.

b) Asthmatiker sind oft hingabegestört

Der an Asthma Leidende hat das Gefühl, während eines Anfalls, der oft in der Nacht auftritt und meist mehrere Stunden dauert, nicht genügend Luft in seine Lunge zu bekommen. Er glaubt, nicht ausreichend *einatmen* zu können. Im Grunde genommen beruht die Atmungsstörung aber auf einer Behinderung der *Ausatmung*. Beim Ausatmen bleibt mehr Luft in der Lunge zurück als üblich, und daher ist es beim nächsten Atemzug nicht möglich, eine ausreichende Menge Luft einzuatmen. Die unvollkommene Ausatmung bedingt es, daß die Lunge langsam immer mehr aufgebläht wird. Das Gesicht des Betroffenen ist während des Anfalls bläulich verfärbt. Der psychologische Zusammenhang bedeutet: Der Asthmatiker ist oft hingabegestört. Er ist unfähig zur Liebe. „Hingabegestört" – das bedeutet nicht in erster Linie eine sexuelle Störung, sondern hingabegestört ist der, der ständig selbst die Fäden in der Hand behalten will, der nicht außer Kontrolle geraten will, der ein „Macher" ist und bleiben will. So wie diese Frau, deren Hingabestörung sich in Frigidität äußert. Sie sagt ein *Nein* zu dieser Welt. Und damit zur Ausatmung als einem Akt der Hingabe. Sie will ihren Atem in diese abscheuliche Welt nicht hineinblasen.

c) Die „Bratwurst-Allergie"

Was verstehen wir unter einer *Allergie*? Ich rufe noch einmal ins Gedächtnis zurück: Wenn körperfremde Stoffe, *Allergene*, in den Organismus eindringen, so entstehen bestimmte Veränderungen, die man Allergie nennt. Solche „körperfremden Stoffe", die über Mund und Magen mit Nahrungsmitteln oder mit der Einatmungsluft in den Körper eindringen, rufen Antikörper auf den Plan. Der Organismus wehrt sich, und die Antikörper rufen die Allergie, die Veränderungen im Körper, hervor. Eine allergische Reaktion hängt aber auch vom Psychischen bzw. von der vegetativen Reaktionslage ab. Einige Psychosomatiker vermuten, daß die Überempfindlichkeit gegen bestimmte Nahrungsmittel nichts anderes bedeutet als eine *psychische* Überempfindlichkeit. Die Ratsuchende hat aber in ihrem Leben – wie sie berichtet – immer gern Bratwürstchen gegessen und niemals allergische Reaktionen gezeigt. Seit dem „berüchtigten Abend in Mallorca" ist das allerdings grundlegend anders. Schon der Gedanke an ein Bratwürstchen ruft blitzartig das Geschehen im Urlaub wach und kann asthmaartige Beschwerden hervorrufen. In diesem Fall muß man annehmen, daß das traumatische Erlebnis eine Hypersensibilisierung nach sich gezogen und allergischen Reaktionen den Weg gebahnt hat.

d) Überempfindlichkeit und Abhängigkeit

Besonders kennzeichnet den Allergiker seine *Überempfindlichkeit* und seine *Abhängigkeit* in allen möglichen Dingen. Er fühlt sich abhängig von der Luft, vom Nebel, vom Sonnenschein, vom Regen, von Kälte und Wärme, von Staub und Geruch, von Menschen, mit denen er in einem Raum zusammensein muß. Er zeigt Abwehrhaltungen, die oft jeden normalen Rahmen sprengen. Und weil er so abhängig ist, sich so abhängig *macht*, schränkt er damit seine Lebensmöglichkeiten, seine Aktivität, seine beruflichen Chancen und seine Gemeinschaftsfähigkeit ein. Er will sich nicht beschmutzen und nicht vereinnahmen lassen. Auch die Ratsuchende läßt durchblicken, daß sie eine Überempfindlichkeit gegen das Reisebüro als „weltliches Unternehmen", gegen das „lockere Klima", gegen die „Leichtfertigkeit der Frauen" usw. empfunden hat. Sie hat ihren Mann gewarnt. Er hat nicht hören wollen, jetzt muß *er* die Folgen tragen. Die *anderen* sind die Bösewichte, die anderen sind schuld. Nicht sie selbst hat den Ehebruch verschuldet, nein, sie ist *verführt worden*. Ihren Mann erlebt sie als kalt, introvertiert und distanziert, der Verführer hatte mit ihr leichtes Spiel. Sie hat sich widersetzt, sie hat „sich stark geziert" und damit ihren Abscheu gegen die Verführung zum Ausdruck gebracht. Der andere war stärker und raffinierter.

e) Schuldgefühl und seine Funktion

Die Ratsuchende kann sich die Sünde nicht verzeihen. Das ist ein herausragendes Symptom, das für die Seelsorge eine wichtige Rolle spielt. Sie wollte in ihrem Leben und Denken eine vollkommene Christin sein. Mit Entschiedenheit hat sie sich bisher gegen Sünde und Schmutz gewehrt. Sie wollte „gut" sein, moralisch einwandfrei und eine tapfere Kämpferin gegen alle Sittenlosigkeit. Durch den Ehebruch „sei sie unendlich tief gesunken". Sie hat ihre Überlegenheitsrolle eingebüßt. Sie kann nicht mehr ganz oben stehen, wie sie es gern möchte. Unbewußt huldigte sie einem Pharisäertum, einem moralischen Überlegenheitsstreben. Unbewußt entwertete sie ihre Umgebung, ihre Mitmenschen, die Mitreisenden. Ihre Kritik setzte andere herab und brachte sie selbst nach oben. Schuldgefühle weisen in die Vergangenheit und stören die Gegenwart. Die Ratsuchende hat Gott schon hundertmal um Vergebung gebeten, sie glaubt aber, daß ihre Schuld einen letzten Makel bis in die Ewigkeit mitschleppen wird. Gott ist in ihren Augen sicherlich gnädig, kann aber diese Ungeheuerlichkeit nicht mit Stumpf und Stiel ausrotten. Ihre Anfälle sind die „gerechte Strafe" für ein verwerfliches Verhalten. Ihrem Mann hat sie die Verfehlung gebeichtet und glaubt nun, mit ihrer körperlichen Bestrafung die Sünde abtragen zu können. Wieder leuchtet die Überheblichkeit aus allen Schlupflöchern hervor. Noch in ihrer Selbstbestrafung will sie ganz oben sein. Mit ihrem Leiden will sie eine Gerechtigkeit demonstrieren, die weit von der biblischen entfernt ist. Sie kann sich vieles schenken lassen, aber nicht alles. Sie muß büßen und abbüßen, und sie hat ein wunderbares Alibi in der Hand, wenn sie auch bei ihrem Mann hingabeunfähig ist. Die Sünde von damals blockiert ihr Glück von heute. Sie glaubt mit dem *Kopf* an die Vergebung, aber nicht mit *Leib und Seele*. Der amerikanische Arzt und Psychotherapeut H. H. Mosak hat 14 charakteristische Lebensstile gekennzeichnet, die im Leben häufig wiederkehren. Einer davon – der siebte – gibt treffend das Verhalten der Ratsuchenden wider.

„Der Mensch, der ‚gut‘ sein will, möchte nach höheren moralischen Maßstäben leben als seine Mitmenschen. Manchmal sind diese Maßstäbe sogar höher als die Gottes, denn er handelt so, als ob Gott Sünden vergeben würde, die er selbst nicht vergeben kann. Dieses Gutsein kann er als moralische Überlegenheit ausspielen und sich dadurch nicht nur selbst über andere stellen, sondern tatsächlich die anderen, minderwertigen Menschen' entmutigen. Dieses Verhalten findet man häufig bei ‚Musterkindern' oder Frauen von Alkoholikern."[3]

Schuldgefühle haben auch in unserem Bericht der Ratsuchenden die asthmatischen Anfälle und die allergischen Reaktionen chronifiziert. Sie *benutzt* die Schuldgefühle, um die schlechte Erinnerung an die Vergangenheit wachzuhalten. Als ich der Ratsuchenden einen bedeutenden und vollmächtigen Seelsorger nannte, der ihr im Namen Jesu die Sünden vergeben könne, wehrte sie ab mit der Feststellung, daß sie für ihre Sünden noch nicht genügend bestraft worden sei. Der Ehemann sagte in einem Gespräch von seiner Frau, und das hörte sich wie unumstößliche Selbstverständlichkeit an: „Meine Frau kann ohne Heiligenschein nicht leben!"

f) Vergebene und vergessene Schuld befreit

Wir zitieren gern das Wort: „Das will ich dir wohl vergeben, aber vergessen kann ich das niemals." Das ist eine unvollkommene Konfliktbereinigung. Die zwischenmenschliche Beziehung ist weiterhin gestört. Würde sich Gott ähnlich verhalten, müßte auch das Verhältnis zwischen ihm und uns gestört bleiben. Gott aber vergibt *und* vergißt. Er tilgt auch die Erinnerung an Sünde und Schuld. Nichts bleibt zurück. Der Psalm 32 bestätigt, daß das Bekennen von Sünden und das Erlangen von Vergebung zu Ausgeglichenheit und Glück führen. Die ersten beiden Verse machen den Zusammenhang deutlich:

„Glücklich ist der, dessen Übertretung vergeben, dessen Sünde zugedeckt ist. Glückselig ist der Mensch, dem der Herr die Ungerechtigkeit nicht zurechnet und in dessen Herz es keine Falschheit gibt. Als ich es verschweigen wollte, verzehrten sich meine Gebeine durch mein andauerndes Stöhnen." Die

Organe reagierten. Der Leib wird in Mitleidenschaft gezogen. „Die Gebeine" schmerzen und plagen den Menschen. Schuldgefühle stören den Organismus und bereiten uns ein gesamtheitliches Unwohl-Sein.

7. Fragen zur Selbstprüfung

– Gibt es Probleme, die Ihnen den Atem rauben?
– Können Sie sich Wut, Ärger und Aggressionen eingestehen, oder reagieren Sie die Gefühle über den Körper ab?
– Gibt es Bereiche, in denen Sie stärker nehmen statt geben wollen?
– Erleben Sie Auseinandersetzungen mit Vorgesetzten oder Familienangehörigen, bei denen Ihr Machtanspruch in Frage gestellt wird?
– Wovor verschließen Sie sich?
– Was lassen Sie nicht an sich heran?
– Welche Redewendungen, die sich auf Ihr Atmungssystem beziehen, lieben Sie besonders?
– Was engt Sie in ihrer Entfaltungsmöglichkeit ein?
– Sind Sie bereit, einen oder mehrere Punkte, die Sie deutlich identifiziert haben, ins Gebet zu nehmen und daran zu arbeiten?

8. Fragen an Eltern von Asthma-Kindern

Es handelt sich um problematische Verhaltensweisen, die Angst und Befürchtungen wecken, die Leistungsfähigkeit des Kindes schmälern und damit der Gesundung entgegenwirken:

– Fragen Sie Ihr Kind täglich nach seinem Befinden?
– Kontrollieren Sie seine Atmung?
– Warnen Sie Ihr Kind vor körperlichen Anstrengungen?
– Führen Sie in anfallsfreien Zeiten überflüssige Maßnahmen

durch? (Einreiben mit Menthol, Trinken von Asthma-Tees usw.)

- Achten Sie bei Ihrem Asthma-Kind besonders auf warme Kleidung, und verwöhnen Sie es?
- Nehmen Sie Ihrem Kind Dinge ab, die es eigentlich selbst erledigen kann?
- Engen Sie den Bewegungsraum des Kindes ein, um es zu schützen und vor Asthma zu bewahren?
- Sprechen Sie häufig *für* das Kind Befürchtungen und Ängste aus, die das Kind womöglich haben *könnte*?
- Kann es sein, daß Sie Ihr Kind überfordern?
- Zieht Ihr Kind Vorteile aus seinem Kranksein?
- Lehnt sich Ihr Kind stark an Erwachsene an?
- Können Sie Ihr krankes Kind als Heranwachsenden loslassen?
- Bekommt Ihr Kind in der Krankheitsphase besondere Zuwendungen, welcher Art auch immer?

VIII. Die Persönlichkeit des Herzinfarktgefährdeten

Der Volksmund spricht von „Managerkranken" und „Managerkrankheiten", wenn von Herzinfarkt und Kreislaufkrankheiten die Rede ist. Der Herzinfarkt wird als die schwerste immer noch zunehmende Epidemie aller Zeiten genannt. Kreislaufkrankheiten – und besonders der Herzinfarkt – sind seit 1948 um mindestens das 50fache gestiegen. Andere Fachleute sprechen nicht nur von Managern, sondern von *Koronar-Männern* (koronar = Herzkranzgefäße). Es müssen nicht Manager in Betrieben und Büros sein, die Spitzenpositionen innehaben. Überall da, wo Männer *und* Frauen wetteifern, karrierebewußt leben, andere überflügeln wollen und das Höchstmögliche anstreben, reagiert der Mensch in der Regel mit Herzbeschwerden. Inzwischen sind die maßgeblichen Risikofaktoren und Schrittmacherkrankheiten genau analysiert worden. Je mehr Risikofaktoren ein Mensch in sich vereinigt, desto größer ist die Wahrscheinlichkeit, daß er einem Infarkt erliegt.

1. Risikofaktoren

a) Üppige Ernährung
Die reichliche Aufnahme von tierischen Fetten, also eine cholesterinreiche Nahrung, und die Aufnahme von gesättigten Fettsäuren erhöhen das Infarkt-Risiko enorm. Es ist interessant, daß in Kriegs- und Notzeiten Herzinfarkte und Herzgefäßerkrankungen rapide abnehmen.

b) Erhöhter Blutfettspiegel

Der erhöhte Blutfettspiegel kann durch üppige Nahrung hervorgerufen werden. Es gibt allerdings auch *vererbte* Fettstoffwechselstörungen. Die unterschiedlichen Typen der Fettstoffwechselstörung bedürfen einer besonderen Behandlung.

c) Erhöhter Blutdruck

Die Hypertonie, der erhöhte Blutdruck, verschlimmert die koronare Arteriosklerose. Je höher der Blutdruck, desto höher das Risiko. Allein in der Bundesrepublik rechnet man mit sechs Millionen Hypertonikern. Ist der Blutdruck sehr hoch, muß das Herz bis zu 50 % mehr leisten als das unter normalem Blutdruck arbeitende. Die Hypertonie gehört mit zu den psychosomatischen Krankheiten, die in einem bestimmten Lebensstil ihre Voraussetzung hat.

d) Übermäßiger Tabakgenuß

Viele Untersuchungen machen unmißverständlich deutlich, daß zwischen Rauchen und Herz-Kreislauf-Krankheiten ein enger Zusammenhang besteht. „In den jüngeren und mittleren Altersgruppen zwischen 35 und 54 Jahren übersteigt die Sterberate von starken Rauchern die der Nichtraucher um das Zwei- bis Dreifache. Für einen 30jährigen Raucher mit einem durchschnittlichen Tageskonsum von ein bis zwei Päckchen Zigaretten liegt die Lebenserwartung um durchschnittlich sechs Jahre unter der eines Nichtrauchers."[1]

Mehr als 20 Zigaretten pro Tag erhöhen die Gefahr des Herzinfarktes auf das Sechsfache im Vergleich zum Nichtraucher. Das Zusammentreffen von Rauchen, hohem Blutdruck und erhöhtem Blutfettgehalt läßt das Infarktrisiko auf das Zehnfache steigen. Der Herzspezialist Dr. L. Kruittoff schreibt:

„Bei weiterer Auswertung fand sich, daß in der Altersgruppe zwischen 50 und 75 diese Todesursachen (Herzkranzgefäße) unter den Rauchern 95 % höher waren als bei Nichtrauchern."[2]

e) Die Zuckerkrankheit

Der Diabetes mellitus, die Zuckerkrankheit, führt zu einer vermehrten und schnelleren Entstehung von arteriosklerotischen Durchblutungsstörungen, also auch zu Durchblutungsstörungen in den Koronargefäßen.

f) Erhöhter Harnsäurespiegel

Ein erhöhter Harnsäurespiegel führt häufig zu Koronarerkrankungen. Auch er ist ein Hilfsfaktor bei der Entstehung dieser Erkrankung. Durch Diät und Medikamente läßt sich der Harnsäurespiegel normalisieren.

g) Übergewicht

Übergewicht ist ebenfalls ein bedeutender Risikofaktor des Herzinfarktes. Es werden zwar heute genauso viele Nahrungsmittel gegessen wie vor 50 Jahren, aber wir verbrennen heute durch geringere körperliche Arbeit weniger Nahrungsmittel. Sie werden in Form von Fett abgelagert und schädigen das Herz. Das Idealgewicht, das weitgehend unserer Lebensform entspricht, wird heute folgendermaßen errechnet:

$$\frac{\text{Größe in cm} \times \text{mittlerem Brustumfang}}{240}$$

Nehmen wir an, die Person sei 171 cm groß und der mittlere Brustumfang (Mittelwert zwischen tiefster Ein- und Ausatmung) ist 96 cm, so ergibt die Rechnung $171 \times 96 : 240 = 68{,}3$ kg. Zweifellos ist für viele Menschen die Eßlust auch psychogener Natur.

h) Sitzende Lebensweise

Die sitzende Lebensweise, ohne regelmäßige sportliche Betätigung, fördert eindeutig die Neigung zum Herzinfarkt. Gelegentliche schwere körperliche Arbeit hält gesund. Die Herzkranzgefäße bleiben elastisch und funktionstüchtig. Ein Beispiel aus dem Tierreich bietet dafür einen guten Beleg: In den nördlichen Regionen, in der Nähe des Polarkreises, leben

Hunde einer bestimmten Rasse, die normalerweise als Zugtiere für Schlitten benutzt werden und schwere Arbeit leisten müssen. Das Leben dieser Hunde verkürzt sich auf die Hälfte, wenn man sie nicht arbeiten läßt.

Viele Sportler werden oft von Herzbeschwerden befallen, wenn sie mit dem Sport aufhören. Dazu gehört, was viele Untersuchungen bestätigt haben, daß schädliche Stoffwechselprodukte, die durch geistige Arbeit, Ärger und Aufregung entstehen, am schnellsten und wirkungsvollsten durch körperliche Anstrengung ausgeschieden werden.

i) Streß

Der Herzinfarktspezialist Dr. Kruittoff schreibt darüber:

„Seelische Belastung, die von dem Betroffenen nicht mehr ausgeglichen werden kann, Kummer, Kränkung, jegliche Art von Unlustgefühlen, sind andere Ursachen für die Entstehung des Infarktes. Meiner Erfahrung nach ist Streß einer der Hauptursachen. Ich habe bei meinem Patienten immer wieder gesehen, daß Herzschmerzen und Herzanfälle verschwinden, wenn die seelische Belastung nicht mehr besteht, wenn die Kränkung nicht mehr vorhanden ist. Ich habe fast immer wieder gesehen, daß fast stets der Streß die eigentliche Auslösung eines Infarktes dargestellt hat."[3]

Herz*angst*, Herze*leid*, *gebrochene* Herzen, *zugeschnürte* Herzen und Herz*schmerzen*, die seelisch bedingt sind, belasten uns und machen uns krank. Wie krankmachend Streßfaktoren sind, spiegeln die Elektrokardiogramme von gesunden Menschen wider, die einmal unter normalen Belastungen untersucht werden und dann in Hypnose eine Gerichtsverhandlung durchleben und durchleiden müssen, in der sie unschuldig zum Tode verurteilt werden. Die Elektrokardiogramme der Hypnotisierten weisen alle Anzeichen schwerster Durchblutungsnot und Herzmuskelschädigungen auf.

Läßt man die Menschen aus der Hypnose erwachen, so daß keine Erinnerung an das Erlebte mehr vorliegt, sind die jetzt geschriebenen Elektrokardiogramme wieder normal. Herzspezialisten sind davon überzeugt, daß diese Beispiele eindringliche Beweise für den Zusammenhang zwischen seelischen Erlebnissen und körperlichen Schäden darstellen.

Aus den Faktoren Selbstverleugnung, Sorgen, Not, Ängste, Schmerz, Verzweiflung über den Tod von Angehörigen, Verlust der Heimat, des Geldes und Besitzes, gerichtliche Verurteilung, Freudlosigkeit der Gegenwart, Ausweglosigkeit und Aussichtslosigkeit schälen sich zwei Kategorien heraus: Verlust und Bedrohung. Im ersten Fall ist nicht nur vom Verlust von Eltern, Kindern oder vom Verlust des Arbeitsplatzes die Rede, sondern auch vom Verlust des Selbstwertgefühles. Bedrohung bedeutet: Der Status, die Gesundheit, die Sicherheit, der Erfolg, die Karriere und der Ruf sind in Frage gestellt.

j) Das Alter

Es besteht kein Zweifel, daß bestimmte Altersgruppen für den Herzinfarkt besonders prädestiniert sind. Etwa ab dem 50. Lebensjahr steigt die Todesziffer rapide an. Eine Untersuchung aus Amerika verdeutlicht, daß fast 60% aller Verstorbenen Opfer von Herz- und Kreislaufkrankheiten wurden. In Österreich und in der Bundesrepublik Deutschland ist die Todesrate von Herz- und Kreislauferkrankten fast doppelt so hoch wie die Rate der Krebstoten. Nach dem 45. Lebensjahr haben alle Menschen geringere oder erheblichere arteriosklerotische Veränderungen an den Herzkranzgefäßen. Aber wir wissen, daß Arteriosklerose allein keineswegs zu Herzschmerzen führt.

2. Lebensstil und Organwahl

Einige Psychosomatiker haben nachgewiesen, daß gewisse unbewußte, chronische Verhaltensweisen, chronische Gefühlseinstellungen, chronische Emotionen und chronifizierte Lebensstilhaltungen für bestimmte Organerkrankungen mit verantwortlich sind. Die Professoren Hoff und Ringel beschreiben das so:

„Man hat in der psychosomatischen Pathogenese (also in der Krankheitsentstehung der seelisch bedingten Körperstörung) nach *chronischen unbewußten Emotionen* zu forschen. Aus dem Gesagten ergibt sich zwangsläufig, daß sich der eigentliche Begriff der modernen Psychosomatik erst dort erschließt, wo die tiefenpsychologischen Erkenntnisse in die Lehre vom Zusammenspiel von Seele und Körper Berücksichtigung erfahren."[4]

Bestimmte Organerkrankungen setzen also einen *Lebensstil* voraus, der sich von Kindheit an einschleift. Was verstehen wir unter einem Lebensstil?

Er ist nach Alfred Adler
- die für diesen Menschen charakteristische Haltung zum Leben,
- der Rhythmus seiner persönlichen Gangart,
- die Summe der Verhaltens- und Reaktionsmuster im Denken, Handeln und Wollen,
- die persönliche Note, wie er Schwierigkeiten bewältigt und Erlebnisse verarbeitet,
- die Art und Weise, wie er zupackt, etwas wagt, resigniert, flieht oder angreift, wie er aus Erfahrungen Kapital schlägt und Wasser auf seine Mühlen leitet,
- das individuelle Verhaltensmodell, das zeigt, welche Meinung er über sich selbst hat, welche Meinung über die Welt, das Leben und über Gott,
- das individuelle Bewegungsgesetz, das unbewußte Ziele ansteuert und nach seiner privaten Logik Entscheidungen trifft.

Bestimmte Konflikte sind an bestimmte Verhaltensmuster gebunden.

Wenn wir also berufliche, familiäre oder andere Überbelastungen beim Herz-Kreislauf-Kranken finden, dann sollten wir keineswegs nach den „Ursachen" forschen, sondern uns den Lebensstil, die Managerhaltung des Kranken, sein individuelles Lebensgesetz genau ansehen und erforschen. Nicht die Belastung macht den Manager managerkrank, sondern der *Lebensstil, der von der Persönlichkeit schon als Kind eintrainiert worden ist.* Hat sich jahrelang, oft jahrzehntelang, ein psychosomatisches Reaktions- und Verhaltensmuster in der Persönlichkeit fest verwurzelt, das negativ das Herz- und Kreislaufsystem belastet, muß der Mensch mit bestimmten Krankheiten rechnen.

Ringel und Hoff schreiben über die Zusammenhänge:

„Bei zahlreichen psychosomatischen Erkrankungen, zum Beispiel beim Ulkus (Geschwür), bei der Managerkrankheit, bei der Hypertonie (Bluthochdruck) ist uns (und anderen) an den Patienten ein Lebensstil aufgefallen, der immer wieder ein bestimmtes Organ (bzw. Organsystem), und zwar etwa das, welches dann schließlich erkrankt, unter den chronischen Druck schwerer äußerer Belastung setzt. Wir zweifeln keinen Moment daran, daß in all diesen Fällen der Lebensstil ein wesentlicher Faktor bei der Organwahl gewesen ist."[5]

Sofort erhebt sich die Frage: Ist der Lebensstil dem Menschen *von außen* aufgedrängt worden, oder ist er eine Schöpfung des Menschen und entspricht damit der schöpferischen Aktivität der Persönlichkeit? Viele Menschen neigen dazu, für ihren Lebensstil andere Faktoren verantwortlich zu machen:

– die Zeitumstände,
– die fortschreitende Technik und Zivilisation,
– die Überarbeitung,
– die Hektik unserer Zeit,
– die falsche Ernährung,
– die Vermassung unserer Gesellschaft,
– die Mechanisierung und Automation,
– die Reizüberflutung.

Diese Erklärungen kommen vielen Menschen entgegen. Sie haben damit die Möglichkeit,
– sich von jeder Schuld freizusprechen,
– die Verantwortung den Umständen, dem Schicksal, der Gesellschaft und damit den anderen zuzuschieben,

- sich als *Opfer* der Zeit zu verstehen und aus gewissen Erkrankungen, die eintreten, auch noch Kapital zu schlagen,
- sich der lästigen Verpflichtung zu entziehen, bei *sich selbst* zu forschen, den eigenen Lebensstil kritisch unter die Lupe zu nehmen und – unter Umständen – schmerzhafte Änderungen des Lebensstiles in Kauf zu nehmen und in Gang zu setzen.

Unmißverständlich muß gesagt werden, daß der *gesunde* Mensch in der Lage ist, seine Lebensumstände zu ändern, seine Arbeit- und Eßgewohnheiten umzugestalten und notfalls seinen Arbeitsrhythmus anders einzuteilen.

3. Lebensstil und Managerkrankheit

Der Zusammenhang zwischen Lebensstil und Managerkrankheit ist nun dargestellt worden. Da sich aber der Lebensstil schon in den ersten Lebensjahren einschleift, müssen wir die Entwicklungsgeschichte eines Managerkranken unter die Lupe nehmen. Welche auffallenden Verhaltensweisen und Reaktionsmuster fallen schon früh auf?

- Es sind Kinder, die oft schwere Enttäuschungen hinter sich haben und durch besondere Leistungen die Aufmerksamkeit und Liebe der Eltern erreichen wollen;
- es sind Kinder, die fest davon überzeugt sind, daß sie so, wie sie sich geben und wie sie leben, nicht gut genug sind, und nur durch besondere Leistungen Liebe und Zuneigung erhalten können;
- es sind Kinder, die kein Gefühl der Sicherheit und Geborgenheit erfahren haben, das zur Normalentwicklung notwendig ist;
- es sind Kinder, die oftmals von den Eltern oder Erziehern kritisiert oder denen tüchtigere Geschwister als Vorbilder vorgehalten wurden;
- es sind Kinder, die durch ein tiefes Gefühl des Unbefriedigt-

seins geprägt wurden, und die sich daraufhin bemühten, schneller zu laufen, tüchtiger zu erscheinen und durch Übersoll zu glänzen;

- es sind Kinder, die nicht an die Liebe glauben – weil sie sie nicht erhalten haben –, sondern nur noch an Erfolg und Geld, denen sie wie ein Rennhund nachjagen, aber niemals zur Befriedigung und Erfüllung kommen;
- es sind Kinder, die unruhig von Ziel zu Ziel hasten, von Erfolg zu Erfolg, immer umlauert von der Befürchtung, daß ihre Leistungen nicht genügen;
- es sind Kinder, die immer bestrebt sind, eine neue Welt zu erobern, aber wenn sie sie erobert haben, keine rechte Befriedigung über das Erreichte empfinden können;
- es sind Kinder, die sich zu rastloser Tätigkeit anspornen, die sich überfordern, sich mit Aufputschmitteln antreiben und die Angst vor Versagen programmieren,
- es sind Kinder, die durch herausragende Leistungen zu Einzelgängern werden, die einsam und von Neidern umgeben sind, dadurch wiederum erbittert werden und das durch erhöhte Leistungen auszugleichen versuchen,
- es sind Kinder, die ihren Körper und verschiedene Organe (das Gefäßsystem) überlasten und gefährden und alle Warnsignale, die sich in somatischen Symptomen zeigen, ignorieren.

4. Seelsorge an Managerkranken

Hat sich jahrelang – oft jahrzehntelang – dieses psychosomatische Reaktions- und Verhaltensmuster in der Persönlichkeit eingenistet, muß von einer Art bedingtem Reflex gesprochen werden. Solche Lebensstil-Eigenarten lassen sich nicht von heute auf morgen korrigieren. Sie sind fest im Charakter verwurzelt. Für die Seelsorge könnte das bedeuten:

a) Verantwortliches Leben erfordert Life-Management.
Mit Life-Management kennzeichnen die Amerikaner die gut-durchdachte Planung des eigenen Lebens. Und nur der ist ein guter Manager, der auch seine Gesundheit und sein eigenes Leben managt. *Ein Manager, der an einem Infarkt erkrankt, ist oft kein guter Manager.* Seine Ziele sind egozentrisch, seine Lebensweise ist lebensfeindlich. Geld, Erfolg und Ehre werden zu Göttern. Sein Leib ist kein Tempel Gottes, sondern die Hülle für eine selbstherrliche Computeranlage. Für den rastlos Tätigen, den Gehetzten und Überehrgeizigen trägt in erster Linie das Herz die Last.

Der Herzinfarkt läßt sich aber verhindern. Er ist nur selten ein unvermeidbares Schicksal. Immer gehören eine Reihe Faktoren dazu, die die Katastrophe heraufbeschwören können. Es liegt an unserer Verantwortung. Wir können frei entscheiden und mit unserem Willen dafür sorgen, daß nicht mehrere Faktoren gleichzeitig bejaht werden, die unser Herz schädigen. Der Zeitaufwand zur Verhaltensänderung ist meistens gering. Die Bibel zeigt, wie es mit unserem Leib bestellt ist.

„Oder wisset ihr nicht, daß euer Leib ein Tempel des Heiligen Geistes in euch ist, den ihr von Gott habt, und daß ihr nicht euch selbst gehört?" (1 Kor 6,19).

Unser Leib ist ein Tempel des Heiligen Geistes. Ein Tempel will wie ein Tempel behandelt werden und nicht wie eine Fabrikhalle. Auch wir Christen können diesen Leib schonungslos zugrunde richten. Auch wir Christen können mit unserem Leib und unserer Gesundheit Schindluder treiben. Wenn Karrierestreben, Erfolg und berufliche Höchstleistungen die eingestandenen oder uneingestandenen Lebensziele sind, zahlen Herz und Kreislauf den Preis. Und der ist hoch.

b) Der Manager rationalisiert
Der Seelsorger glaubt, weil er es beim Managerkranken mit gebildeten und überdurchschnittlich intelligenten Menschen zu tun habe, könne er ihn wie einen Gesunden auf seine Krankheit ansprechen. Das ist ein Irrtum. Der individuelle Lebensstil des

Managers ist sein Instrument zur Welt- und Lebensbewältigung. Es *ist* ein fehlerhaftes und chronifiziertes Verhalten.

Die private Logik, wie Adler das irrtümliche Verhalten des Menschen nennt, läßt ihm seine Lebensweise als richtig erscheinen. Die private Logik stabilisiert das Selbstwertgefühl. Der Mensch kann vor sich und anderen bestehen. Er schummelt in die eigene Tasche und ist einigermaßen mit sich zufrieden.

In diesem Sinne hat die private Logik auch eine Selbstschutzfunktion. Der Mensch glaubt, so handeln zu müssen, als ob seine Beurteilung das einzig mögliche wäre. In der übrigen Tiefenpsychologie wird dieses Verhalten als *Rationalisierung* beschrieben. Es meint das *Rechtfertigen einer gelebten Einstellung.* Im Brustton tiefster Überzeugung werden Gründe vorgebracht, die aber der Selbsttäuschung entspringen.

Paulus traf damals die Korinther an einer empfindlichen Stelle. Christen gehören – mit ihrem Leib – nicht sich selbst, sondern Gott. Der Christ steht einerseits in der herrlichen Freiheit der Kinder Gottes, andererseits steht er mit Leib, Seele und Geist unter dem Herrschaftsanspruch des lebendigen Gottes. Einige Kapitel vorher wird noch einschneidender die Leib-Tempel-Beziehung der Christen beschrieben.

Es heißt da: „Wisset ihr nicht, daß ihr Gottes Tempel seid und der Geist Gottes in euch wohnt? Wenn jemand den Tempel Gottes verdirbt, den wird Gott verderben, denn der Tempel Gottes ist heilig; der seid ihr" (1 Kor 3,16 f.).

Wir dürfen nicht nur den sexuellen Aspekt im Korintherbrief herauslesen. Anhand der Prostitution und Unzucht demonstriert Paulus, was es heißt, den Leib als Tempel des Heiligen Geistes zu beschmutzen. Gerade der Ehrgeizige, der Erfolgstyp, der Mensch, der andere überflügeln will und muß, kann uneingestanden zum Tempelschänder und Leibverderber werden. Gerade seine Moralität auf sexuellem Gebiet, sein Ehrgeiz, sauberer als andere Menschen zu sein, kann ihn blind machen für die Entheiligung seines Leibes. Es ist auch Aufgabe der beratenden Seelsorge, diese „Sünde wider den Leib" mit dem Ratsuchenden aufzuarbeiten.

c) Allgemeine Ratschläge sind in der Regel wirkungslos

Menschen in der Umgebung des Managerkranken versuchen, durch gutgemeinte Ratschläge die überhöhte Aktivität zu bremsen. Der Seelsorger benutzt ähnliche; nur versucht er, sie geistlich zu untermauern. Er sagt vielleicht:

„So dürfen Sie nicht weitermachen. Sie merken ja selbst, Ihr Herz spielt nicht mehr mit."

„Herr X, Sie müssen sich mehr schonen, Sie schlafen zu wenig, die Mahlzeiten nehmen Sie zu hastig ein. Auch für uns Christen gilt: Der Leib ist ein Tempel des Heiligen Geistes, für den wir verantwortlich sind."

„Können Sie nicht größere Pausen einlegen? Am Wochenende beispielsweise fahren Sie mit Frau und Kindern irgendwohin. Schalten Sie ab! Für Jesus und seine Jünger war es eine Selbstverständlichkeit, auszuruhen. Im Tagesablauf Jesu fallen immer wieder die Ruhe-, Erholungs- und Gebetszeiten auf."

Diese allgemeinen Regeln, zu ruhen, sich zu schonen, Maß zu halten, Pausen einzulegen, langsamer zu arbeiten, in christlicher Verantwortung auch an den Leib zu denken, sind allesamt richtig. Angehörige und Seelsorger übersehen aber, daß der Kranke in der Regel seit Jahrzehnten eine psychodynamische Struktur eintrainiert hat, die er nicht von heute auf morgen ablegen kann, die ihn auch bis zu einem gewissen Grade zwingt, den eingeschlagenen Stil beizubehalten.

d) Die Aggression gegen Ärzte wird gefördert

Ein kurzatmiger Appell an das Gewissen des Kranken hat oft eine gegenteilige Wirkung. Mit Hilfe der Rationalisierung, mit der er alle vernünftigen Argumente seiner Umgebung und seines Seelsorgers zunichte macht, gelingt es dem Kranken, auch noch Aggressionen gegen Ärzte im allgemeinen zu mobilisieren.

„Die haben alle gut reden. Sie verstehen von den wirtschaftlichen Zusammenhängen nichts. Sie haben keine Ahnung von den Zwängen, die das kapitalistische Wirtschaftssystem mit sich bringt. Sie mischen sich in berufliche Probleme ein, von denen sie nichts verstehen. Sie argumentieren vom ‚grünen Tisch aus‘.“

Appelle erlebt der Ratsuchende als Forderungen, als Druck. Er weicht aus und versucht, seinen bisherigen Lebensstil aufrechtzuerhalten. Der Personalchef eines großen Werkes war wegen Herzbeschwerden beim Arzt gewesen, der ihn in der kurzen Behandlungszeit direkt und deutlich auf seine falsche Lebensführung angesprochen hatte. Der Mann sagte mir in der Beratung:

„Was bildet der Mann sich eigentlich ein? Ich muß mich von dem wie ein Schuljunge belehren lassen, was ich zu tun und zu lassen habe. Diese Medizinmänner bilden sich ein, sie wären Halbgötter!“

Der Kranke *benutzt* die Aggression gegen den Arzt, gegen andere, um sein Lebensstil-Fehlverhalten zu sichern. Die Aggression ist keine gestaute Wut, keine Frustration, die er abreagieren *muß*. Die Aggression wird zum Werkzeug, um sein neurotisches Arrangement zu verteidigen. Er glaubt daran, er glaubt, nur auf diese Weise erfolgreich leben zu können. Wenn dem Managerkranken vom Seelsorger ein Arzt „anempfohlen“ wird, so in erster Linie ein Arzt, der sich in psychosomatischen Krankheitsbildern auskennt. Der Psychiater ist dem Managerkranken erfahrungsgemäß suspekt. Er will *organisch* behandelt werden und nicht psychisch.

*e) Widerstand gegen Psychotherapie und
    beratende Seelsorge*

Treten schwere Herz- und Kreislauferkrankungen auf, ist der Patient *nur* an einer Somatotherapie (körperliche Heilbehandlung) interessiert. Er wünscht Bäder, Medikamente und Kuren und will von einer Mitverursachung durch psychogene Faktoren nichts oder wenig wissen. Hoff und Ringel schreiben:

„Diese Frage kann nicht mit einem kategorischen ‚Entweder–Oder‘ abgetan werden; hier muß es immer heißen: ‚Sowohl–als auch‘. Keine echte psychosomatische Erkrankung ist nur vom Somatischen her heilbar ... Die Erfahrung lehrt aber, daß infolge Beibehaltung der psychischen Fehlhaltung dann die Rezidivgefahr (Rückfallgefahr) zu unerhört groß ist, somit also keine echte Heilung vorliegt."[6]

Der Kranke will unter allen Umständen seine persönliche Verantwortung ausgeklammert wissen. Von daher ist der Widerstand gegen Psychotherapie und beratende Seelsorge – besonders auch bei Christen – groß. Der Kranke weist auf seinen Organbefund hin und nimmt Infektionen, Vergiftungen, Entzündungen und Fremdeinflüsse gern als Schicksalsschläge hin. Solche Verhängnisse trägt er ergeben. Denn sie sind *über ihn hereingebrochen.* Er fühlt sich ohnmächtig solchen Fremdeinwirkungen ausgeliefert. Selbst wenn er sich auf eine beratende Seelsorge einläßt, ist sein Widerstand enorm groß. Die Seelsorge will er zwar nicht verhindern, er kann sie aber nur sehr schwer bejahen. Im seelsorgerischen Gespräch liegt er auf der Lauer, immer Gegensätze zwischen Somatotherapie und Psychotherapie herauszuarbeiten, entdeckt Mißverständnisse und hält sich daran fest und spielt nicht selten Ärzte und Seelsorger gegeneinander aus. Es scheint daher sehr wichtig zu sein, daß sich Ärzte und Seelsorger absprechen, um eine gemeinsame Basis für die Heilung des Kranken zu schaffen.

Schwierig wird die seelsorgerische Beratung, wenn Ärzte den psychogenen Anteil verneinen oder belächeln. Viele Kranke werden auch durch Ärzte auf ihre organische Krankheit fixiert. Sie entwickeln ständig Beschwerden und veranlassen den Arzt, viele komplizierte Untersuchungen durchzuführen. Diese Fixierung auf den organischen Anteil erschwert die seelsorgerische und psychotherapeutische Behandlung.

f) Vergrößerung der Schuldgefühle

Appelle und Vorhaltungen, sich zu schonen und Ruhe zu gönnen, erhöhen die *Schuldgefühle.* Schuldgefühle haben aber – tiefenpsychologisch gesehen – noch eine bestimmte Funktion, die der Seelsorger kennen sollte. Schuldgefühle sind gute Absichten, Schuldgefühle sind Vorsätze. Sie können dem Ausweichen dienen. Sie stellen oft eine Ausrede dar. „Der Weg zur

Hölle ist mit guten Vorsätzen gepflastert." Das Sprichwort kennzeichnet treffend die verlogene Haltung, die sich hinter Schuldgefühlen verbergen kann. Mit Schuldgefühlen will sich der Mensch entlasten. Er *produziert* sie und hat ein Alibi, alles beim alten zu lassen.

Alfred Adler beurteilt die Produktion von Schuldgefühlen äußerst negativ, wenn er schreibt: „Diese guten Vorsätze, die als Schuldgefühle erscheinen mögen, sind absolut tot. Sie bedeuten gar nichts für das Leben des Patienten. Es bedeutet auch nichts, wenn er seine Schuldgefühle in die Auslage stellt, in dem sicheren Bewußtsein, durch das Bekenntnis seiner Schuld edler, vornehmer und frommer zu erscheinen als alle übrigen. Daß sich hinter diesen beklagten Nichtigkeiten nichts ‚Tieferes‘ verbirgt, geht wohl daraus hervor, daß es bei der Äußerung des Schuldgefühles bleibt, ohne daß je ‚tätige Reue‘ geübt wird."[7]

Mit übergroßen Schuldgefühlen tritt der Ratsuchende auf der Stelle. Er kreist um sich. Es bleibt alles beim alten. Es passiert nichts. Passive Reue nützt nichts.

Tätige Reue hingegen läßt die Schuldgefühle hinter sich. Tätige Reue macht sich auf den Weg, chronifizierte Lebensstilhaltungen zu ändern. Dann wird Heilung möglich.

IX. Die Persönlichkeit des Magenkranken

Es gibt in der Tat Persönlichkeiten, die zu Geschwüren neigen. Auch Magen- und Zwölffingerdarmgeschwüre sind typische psychosomatische Erkrankungen.

„Diese ständigen Belastungen sind mir auf den Magen geschlagen", sagt der Ratsuchende.

Wir alle kennen den Ausspruch: „Den hab' ich gefressen." Wenn er *gekonnt* hätte! Aber er hat nicht. Also frißt er die Demütigungen in sich hinein. Und die Magenschleimhaut wird an dieser Stelle geschädigt. Der Magensaft frißt sie auf. Oder ein Ratsuchender sagte mir einmal: „Ich kann machen, was ich will, ich kann mich anstrengen, so viel ich will, meine Chefs erkennen das nicht an. Meine Leistungen taugen in ihren Augen nichts. Das frißt mich auf."

1. Der Pantoffelheld – ein Fallbeispiel

Herr M. kommt in die Beratung, weil er Schwierigkeiten mit seiner Frau hat. Er sei ein Pantoffelheld und litte immer mehr unter diesem Zustand. Er versuche, sich durchzusetzen, stecke aber bei leichtem Widerstand schon zurück. Am liebsten würde er hier und da auf den Tisch schlagen, das sei ihm aber ein Greuel. Er hasse das Laute, das Aggressive, das Beherrschende. Seine Frau habe eine ziemlich lose Zunge, und er neige dazu, alles runterzuschlucken und sich zu ducken. Im ersten Gespräch kommen wir auf seine körperliche Verfassung zu sprechen.

„Bis auf den Magen geht es mir einigermaßen. Ich kann alles ertragen, nur keinen Ärger."

Am Magen hat er seine Achillesferse. Der Magen ist das Organ, das die Belastungen und den Ärger, den er hat, *verdauen* muß. Vater und Mutter waren sehr religiöse Menschen, die außerordentlich vorbildhaft ihr Christsein bestritten. Sie lebten asketisch, sparsam und karg. Sie waren stolz auf ihre Einfachheit und Bescheidenheit. Der Vater war Beamter, sehr fleißig, bieder und rechtschaffen.

„Er erlaubte sich in 20 Jahren drei ganze Anzüge. Und die sehen heute noch wie neu aus", sagte Herr M. von seinem Vater.

Lust und Lebensgenuß wurden zu Hause kleingeschrieben. Freude und Ausgelassenheit waren Seltenheiten. Bestimmte Vokabeln prägten das Leben des jungen Herrn M. Gehorsam, Fleiß, Sparsamkeit, Bescheidenheit, Einfachheit, Verzicht und Opferbereitschaft. Herr M. kann auch nichts *genießen*. Die Flasche Wein, die er mit seiner Frau trinkt, ist viel zu teuer, der Kaffee schädlich, der neue Anzug Luxus, die Blumen überflüssig, bestimmte Schallplatten zu aufregend, Teppiche zu aufwendig und Kerzen – außerhalb der Weihnachtszeit – zu anspruchsvoll. Herr M. berichtet eingehend von den Tugenden der Eltern und seinen Tugenden. Er erzählt ausführlich, daß er immer zurückstecken, Wünsche unterdrücken und Bedürfnisse einschränken mußte. Diese ihm aufgezwungene und sich selbst auferlegte Bescheidenheit und Selbstbeschränkung führen allmählich zu starken Magenbeschwerden. Das Eltern-Ich schreibt ihm vor, was er zu tun und vor allem zu lassen hat. Auf der ganzen Linie erlebt er Behinderungen und Frustrationen.

Was spiegelt Herr M. wider?
- Er kann sich *nicht durchsetzen*, weil er es im Leben nicht gelernt hat. Er schluckt allen Kummer herunter und mutet dem Magen Ungeheuerliches zu.
- Er *hungert* auf vielen Gebieten und findet keine richtige Freude am Leben. Er kann das Leben nicht genießen und ausschöpfen.
- Er kann für seine Rechte und Bedürfnisse nicht *kämpfen*, er

resigniert, weil schon in der Kindheit alle Wünsche beschnitten worden sind.

- Er lebt als Christ ein verkrampftes, eingeschränktes, reduziertes und *freudloses* Leben. Er kann zu sich, zu bestimmten Gefühlen und Bedürfnissen nicht ja sagen. Das einzige, was ihm bleibt, ist, daß er seine Bedürfnislosigkeit, seine Sparsamkeit, Nachgiebigkeit und Einfachheit zur Tugend stempelt und sich als Christ seiner Frau weit überlegen fühlt.
- Die partnerschaftliche Kommunikation zwischen den Ehepartnern ist gestört, die Frau muß sich durchsetzen und bedeutet eine Bedrückung und Bedrohung für ihren Mann.

Wenn es mit Hilfe beratender Seelsorge gelingt, das dynamische Verhältnis zwischen den Ehepartnern etwas mehr ins Gleichgewicht zu bringen, werden die psychosomatischen Beschwerden des Herrn M. gebessert. Es liegt keineswegs ein einseitiges Fehlverhalten vor. Der Mann hat *zu wenig*, die Frau *zu viel* an Durchsetzungskraft. Das Eintrainieren alternativer Verhaltensweisen ist eine der Grundvoraussetzungen für eine Änderung. Mit Herrn M. muß erarbeitet werden, daß falsche Anpassung mit Demut wenig zu tun hat. Es muß ihm bewußt werden, daß die christliche Tugend, immer den unteren Weg zu gehen, und sein feiges Herunterschlucken jeglichen Ärgers falsch verstanden sind.

2. Der Lebensstil der Ulkus-Persönlichkeit (Ulkus = Geschwür)

Es handelt sich oft um eine Persönlichkeitsstruktur,

- die enorme Anerkennung benötigt,
- die durch besondere Leistungen und Taten sich diese Anerkennung ertrotzt,
- die aber zutiefst davon überzeugt ist, daß sie es nicht

121

schafft, das hochgesteckte Ziel nicht erreicht oder durchsetzt und mit Ulkus-Krankheit *reagiert.*

Es handelt sich um Persönlichkeiten,
- die viel *hinunterschlucken* müssen, sie fühlen sich getadelt, gedemütigt, gemaßregelt, beobachtet, kontrolliert, schlecht behandelt und unterdrückt. Weil sie sich nicht abzureagieren vermögen, kann sich der Ärger im Magen festfressen.
- Auch das *Erbrechen* vieler Magenkranker ist kennzeichnend für einen bestimmten Lebensstil. Sie sind gezwungen bzw. fühlen sich gezwungen, alles zu schlucken. Sie haben keine Möglichkeit, sich verbal abzureagieren und antworten mit Erbrechen. Erbrechen symbolisiert den Ekel und die Ablehnung eines Menschen, der sie ärgert und tyrannisiert. Die umgangssprachlich hingeworfene Bemerkung „das kotzt mich an" drückt den Ekel treffend aus. Auch eine andere Formulierung trifft den Sachverhalt: „Wenn ich den sehe, kommt es mir hoch!"
- Der Geschwürkranke kann selbstverständlich auch an einer *organischen Schwäche* seit seiner Geburt leiden. Die physiologischen oder psychologischen Dispositionen dürfen nicht ausgeklammert werden. Für die psychologische Betrachtung ist wichtig, daß der Kranke solche Dispositionen in seinen Lebensstil einbaut. Hier tritt zutage, was die Tiefenpsychologie einen „sekundären Krankheitsgewinn" nennt.

Mit der beschriebenen Lebensstilhaltung ist weiterhin oft
- ein Mißbrauch von Nikotin und Coffein verbunden. Der Ehrgeiz, Gutes und Vollkommenes zu leisten, verleitet sie dazu, Aufputschmittel in starkem Maß zu frequentieren.

Die Krankheit ist Ausdruck einer irrtümlichen Erlebnisverarbeitung mit entsprechend fehlgeleiteten Gefühlen und Affekten. Die beratende Seelsorge kann unter Umständen herausarbeiten, daß der Magenkranke sein Leiden
- als Flucht in die Krankheit versteht. Dieser unbewußte Sinn

und Zweck kann allerdings durch reine somatische Therapie, durch einseitige medikamentöse Behandlung, völlig vertuscht werden.

- Die Krankheit kennzeichnet ein großes Verantwortungsgefühl. Sie muß eine Sache, einen Auftrag, das ganze Leben ernster sehen und nehmen. Dadurch wird die Spannung erhöht und der seelische Druck vergrößert.
- Ein hohes Verantwortungsgefühl geht oft mit einem unerreichbaren Vollkommenheitsstreben einher. Um Unsicherheit zu überwinden, entwickelt sich leicht – und zwar schon in der Kindheit – ein Streben nach Sicherheit, ein Streben zur Perfektion. Wer verantwortlich handelt und perfekt ist, verschafft sich auf diese Weise die Anerkennung der Eltern und später seiner Umgebung.
- Die Eltern solcher Perfektionisten haben in der Regel ihrerseits hohe Ansprüche gestellt. Sie haben es den Kindern schwer gemacht, sich solchen Ansprüchen gewachsen zu fühlen. Unbewußt haben sie Unsicherheitsgefühle im Kind produziert. Das Kind kann am besten diesem Gefühl begegnen, indem es selbst geringe Ansprüche stellt und alle Gebote perfekt einhält.

Den späteren Magengeschwürkranken kennzeichnen schon von Kind an ein Verlangen nach Abhängigkeit und Betreuung. Die übertriebenen Forderungen hängen oft mit mangelnder Liebe und Zuwendung zusammen.

3. Wie erklären wir uns die Geschwürbildung?

Der Wunsch nach Nahrung und der Wunsch nach Geborgenheit sind bei Menschen mit solchen Symptomen identisch. Infolgedessen tritt beim infantil gebliebenen Streben nach Anerkennung und Liebe ebenfalls eine vermehrte Magensaftsekretion ein. Das heißt, der Magen verhält sich wie kurz vor der Nahrungsaufnahme. Wird dieses

123

„Hungern nach Liebe",

„Hungern nach Anerkennung",

„Hungern nach Bestätigung",

„Hungern nach Geborgenheit"

zum anhaltenden Zustand, dann kommt es zur Zerstörung der Schleimhaut durch die Salzsäure des Magensaftes und zur Ausbildung eines Geschwürs, vorausgesetzt, daß die Blutgefäße, welche die Magenschleimhaut ernähren, sich verengt haben.

Wenn also ein Mensch über einen längeren Zeitraum hin – bewußt oder unbewußt – eine unbewältigte Spannung hat, wird unter Umständen ein kleines Stück der Wand des Magens verdaut, und eine offene Wunde bleibt zurück. Eine solche offene Wunde, sei sie am Bein, am Gaumen oder am Magen, bezeichnen wir als Geschwür.

Allerdings ist ein Faktor selten allein verantwortlich. Die seelischen Bedingungen sind selbstverständlich nicht die einzigen Auslöser für das Magengeschwür. Fachleute haben herausgefunden, daß seelische und körperliche Faktoren ineinandergreifen, daß Krankheitsdispositionen und Krankheitsauslösungen zusammen gesehen werden müssen. Auch die Organwahl ist nicht zufällig, sondern von verschiedenen Wechselwirkungen abhängig. Viele Faktoren greifen ineinander.

4. Magengeschwür oder: Ich habe mein Bestes getan

Der amerikanische Psychiater und Begründer der Transaktionsanalyse, Eric Berne, schildert in seinem Buch „Spiele der Erwachsenen" ein Spiel, das von einem Magengeschwürkranken und seiner Ehefrau inszeniert wird. Unter „Spielen" versteht Berne soziale Verbindungen, Transaktionen, die von verborgenen Motiven beherrscht sind. Spiele sind negative menschliche Wechselbeziehungen, wo Bitten und Wünsche eines Partners hinterhältig und unfair beantwortet werden. Der

Partner reagiert auf die Bitten nachteilig, er *benutzt* die Gelegenheit, dem anderen eins auszuwischen, er spielt ein gerissenes Spiel, um Wasser auf seine Mühlen zu leiten. Spiele sind also geschickte Manöver, gefährlich, hinterhältig, immer zielgerichtet, und können tragisch enden. Berne selbst bezeichnet den „Krieg" als das erbarmungsloseste Spiel unter Eheleuten.

Das Magengeschwürspiel kann – nach Berne – in verschiedenen Graden gespielt und variiert werden. Das Spiel ersten Grades ist noch erträglich, denn der Mann erzählt seiner Frau und seinen Freunden, daß er ein Magengeschwür hat und noch fleißig weiterarbeitet. Die Freunde sind sehr angetan von der aufrechten Haltung des Mannes und bewundern ihn insgeheim, daß er unter Schmerzen seiner Arbeit nachgeht.

Was ist das Ziel des Mannes? Berne schreibt:

„Ein Mensch, dessen Gesundheitszustand schlecht ist und der Schmerzen hat, ist wohl bis zu einem gewissen Grade dazu berechtigt, sich mit seiner Krankheit ein bißchen in Szene zu setzen; das ist nur eine dürftige Kompensation für sein Leiden. Man sollte anerkennen und ihn verdientermaßen dafür belohnen, daß er die Verantwortung für seinen Aufgabenbereich weiter auf sich lädt. Die freundliche Antwort auf ‚Ihr seht, ich gebe mir wirklich die größte Mühe' bedeutet in diesem Fall: Gewiß, wir alle sehen das und bewundern dich, weil du so tapfer und gewissenhaft bist."[1]

Steht allerdings hinter der wechselseitigen Kommunikation mehr Dramatik, ist das Spiel ernster, sieht es nach Berne etwa so aus: Der Mann erfährt, daß er ein Magengeschwür hat, verbirgt die Krankheit aber vor seiner Frau und seinen Freunden. Er arbeitet mit unvermindertem Eifer und bricht eines Tages am Arbeitsplatz zusammen. Wenn die Frau die Nachricht erhält, weiß sie sofort, was ihr Mann ihr sagen will:

„Du siehst, ich habe wirklich mein Äußerstes getan."
Was ist das Ziel?

– Der Mann erwartet jetzt mit Nachdruck größere Zuwendung und Wertschätzung;

- auch die Freunde werden der Frau unmißverständlich zu verstehen geben, daß sie sich mehr um ihn bemühen muß;
- die Frau wird sich schämen, daß sie oft lieblos zu ihm war, daß sie ihn unterdrückt hat und ihm nicht die nötige Wertschätzung entgegenbrachte;
- die Schuldgefühle der Frau werden gewisse Ansätze der Hinwendung zu ihrem Gatten freisetzen, aber durch die – vielleicht schon jahrelange – negative Kommunikation fällt es ihr schwer, ihre Liebe zu zeigen.

Hier handelt es sich um ein Spiel zweiten Grades, das schon als wesentlich ernster zu bezeichnen ist. Die Liebe der Frau ist auf ein Minimum reduziert. Der Mann benutzt seinen organischen Defekt, um die Liebe seiner Frau zu erringen und zu erzwingen. Berne schreibt dazu. „Im tiefsten Innern grollt sie ihm wahrscheinlich sogar, weil er in unfairer Weise Druck auf sie ausgeübt und weil er sich dadurch, daß er die Krankheit vor ihr verheimlicht hat, ihr gegenüber einen unrechtmäßigen Vorteil verschafft hat. Mit anderen Worten: Mit einem Diamant-Armband kann man seiner Frau seine Zuneigung weit besser und aufrichtiger bezeugen als mit einem durchlöcherten Magen."[2] Die härteste Form dieses Spieles besteht für Berne darin, daß der Mann zu seiner Frau und zu seinen Freunden von dem Magengeschwür nichts erzählt, Krebs bekommt und sich eines Tages selbst umbringt. Die Frau findet ihren Mann tot im Badezimmer. Was ihr der tote Gatte noch zu sagen hat, ist deutlich: „Du siehst, ich habe natürlich mein Äußerstes gegeben!" Ein „Spiel dritten Grades" hat endgültigen Charakter. Es endet im Operationssaal, im Gerichtssaal oder in der Leichenhalle.

Welche Überlegungen stellt die beratende Seelsorge an?
- Der Seelsorger muß herauszufinden versuchen, welche geheimen Ziele und verborgenen Absichten *beide* Partner mit ihrem Spiel verfolgen. Spiele sind niemals einseitig. Hier sind mindestens ein aktiver Spieler und ein Mitspieler vorhanden. An welcher Stelle spielen sie sich in die Hand? Was sind die Motive ihres Zusammenspiels?

- Wie ist das geistlich zu bewerten, wenn der Ehemann sich mit dem Magengeschwür entschuldigt und rechtfertigt? Benutzt er nicht eine Krankheit, um sich vor einer Mit-Verantwortung zu drücken? Oder: Kann er nicht die Krankheit benutzen, um alle Schuld auf den Ehepartner zu schieben? (Spiel ersten Grades). Er erzählt überall, vor Freunden, im Geschäft und in der Verwandtschaft, wie er gekränkt wird, wie er krank gemacht wird.
- Was will der Ehemann mit seinem Verschweigen erreichen? Spielen Machtkampf, Druck, Rache oder Erpressung eine Rolle? Wie stehen die Ratsuchenden zu solchen – in der Regel unbewußten – Motivationen?
- Was bedeutet Verschweigen in geistlicher Hinsicht? Kennt die Bibel nicht auch den Zusammenhang psychosomatischer Krankheiten? Denken wir wieder an Psalm 32: „Da ich's verschwieg, zerfielen meine Gebeine." Es geht hierbei um ein Verschweigen vor Gott *und* dem Menschen. Verschweigen ist ein *falsches Spiel.* Verschweigen ist unehrlich und belastet die zwischenmenschliche Beziehung.
- Ist die Frau ein Herrschtyp? Will sie bestimmen? Setzt sie sich auf Kosten des Mannes durch? Zwingt sie ihn, auf unfaire Methoden auszuweichen? Wozu braucht die Frau gegebenenfalls diese Überlegenheit? Was will sie überspielen, was verdecken, was ausgleichen?

5. Magengeschwürkranke in der Statistik

Man geht davon aus, daß ca. 12–14% der männlichen und ca. 8–10% der weiblichen Bevölkerung in den westlichen Industriestaaten *einmal* in ihrem Leben an einem Magengeschwür erkranken. Bei etwa 50% von ihnen kommt es nach Ablauf eines Jahres zu einem Rückfall. Ca. 30% der Ulkusträger entwickeln eine chronische Ulkuskrankheit mit häufigen Krankheitsschüben. Das heißt, bei etwa 2/3 der Patienten kommt es zur allmählichen Heilung. Fachleute sprechen daher von „psychisch gesunden Ulkuskranken". Man versteht darunter, daß diese Menschen kaum ernstliche Persönlichkeitsstörungen aufweisen. Vielleicht neigen sie dispositionell zu einer gewissen Magenschwäche. Bei schweren psychosozialen Belastungen gerät der Magen unter Druck, und die Betroffen reagieren mit Geschwüren.

Statistiken in Kliniken belegen, daß nach acht bis zwölf Jahren in der Regel über die Hälfte der Magengeschwürsymptome verschwunden sind. Man glaubt, daß bestimmte Konflikte, die mit Beruf und zwischenmenschlichen Beziehungen zusammenhängen, aufhören oder sich verlagern. Außerdem ist in bestimmten Lebensphasen die Konfliktbereitschaft höher.

Viele Magengeschwüre werden operiert. Der Operationserfolg wird als sehr hoch eingestuft, zur großen Überraschung der Psychosomatiker. Allerdings stellten die Fachleute bei ca. 20 % der operierten Patienten einige Jahre nach der Operation einen versteckten Symptomwechsel fest. Das heißt, der ursprüngliche innere Konflikt, der das Magengeschwür auslöste, hatte sich einen anderen Austragungsort im Menschen gesucht.

Übereinstimmend wird von Internisten und psychosomatisch arbeitenden Ärzten berichtet, daß der Magengeschwürkranke *in der Regel* nicht daran denkt, sich psychotherapeutisch behandeln zu lassen.

Woran liegt das?

– Der Ulkuskranke versteht sein Leiden in erster Linie als ein körperliches Problem;
– der Ulkuskranke will nicht als „verrückt" oder seelisch krank eingestuft werden;
– der Ulkuskranke wird in der Regel von Ärzten *geschickt*, das heißt, seine Motivation ist *unterdurchschnittlich*.

6. Erwartungsangst und Magengeschwüre

Frederic Vester behandelt in einem seiner Bücher ein aufse-
henerregendes Experiment an Ratten, die auf verschiedene
Weise negativ gestreßt wurden und mit Magengeschwüren
reagierten. Drei Ratten wurden für den Versuch ausgewählt.
Allen Ratten wurde ein Stromanschluß in den Schwänzen befestigt.

Die erste Ratte wurde in unregelmäßigen Abständen mit
Stromstößen geschockt. Bevor der Stromstoß einsetzte, blinkte
ein Lämpchen auf, so daß sich die Ratte auf den Stromstoß
innerlich einstellen konnte.

Die zweite Ratte bekam die gleiche Menge Stromstöße, erfuhr aber vorher nicht über ein Lämpchen, wann der Stromstoß einsetzte. Die dritte Ratte diente lediglich als Kontrolltier.
Sie wurde nicht mit Stromstößen bedacht.

Das Ergebnis?

Als man die Mägen der toten Ratten untersuchte, stellte
man fest, daß der Magen der ungestreßten Ratte keine Störungen aufwies. Die erste Ratte zeigte nur kleine Entzündungsherde im Magen. Sie konnte jedesmal – durch das
Lämpchen vorgewarnt – sich auf den Stromstoß einstellen.
Solange das Licht nicht aufleuchtete, brauchte sie keine Angst
zu haben. Sie litt nicht an Ungewißheit und stellte sich entsprechend ein. Sie zeigte nur geringe Entzündungsherde.

Die große Überraschung zeigte sich an der zweiten Ratte,
die nicht durch Lichtsignale vorgewarnt wurde. Sie lebte in
einer ständigen *Erwartungsangst* vor einem elektrischen
Schlag. Die Ungewißheit, die durch die Unregelmäßigkeit der
Stromstöße noch erhöht wurde, war gewaltig. Trotz gleicher
Stromstöße zeigte diese Ratte sechsmal stärkeren Magenge-
schwürsbefall. Die Versuche wurden mehrfach mit anderen
Tieren wiederholt und zeigten gleiche Ergebnisse.

Die zweifellos problematischen und ethisch fragwürdigen
Experimente zeigen jedoch,
– Erwartungsangst ist ein gefürchteter Streßfaktor,

- Erwartungsangst ruft schlimme Entzündungsherde im Magen hervor,
- Erwartungsangst schafft ein krankmachendes Klima für den gesunden Organismus,
- Erwartungsangst ist ein Faktor, der bei verantwortungsbewußten Menschen unbedingt vermieden werden muß.

Vester kommentiert dieses Ergebnis so:

„Unsere eigenen Magengeschwüre, Herzinfarkte und Zusammenbrüche werden dagegen durch Probleme verursacht, die wir Menschen selbst geschaffen haben: Probleme künstlicher Rangordnungen, falscher Autorität, Probleme von Ehrgeiz und Prestige. Probleme der religiösen und moralischen Überzeugung, Probleme der sozialen Organisation, Probleme durch von Menschen erfundene Sitten und Umgangsformen, mit denen Tiere sich nicht abgeben müssen."[3]

7. Sympathikotoniker und Vagotoniker

Es lohnt sich, die Magen-Darm-Probleme vom *unwillkürlichen* Nervensystem her zu betrachten. Hinter diesen psychosomatischen Störungen verbergen sich in der Regel charakterliche Einstellungen. Wir sprechen von Sympathikotonikern und Vagotonikern. Lassen Sie sich nicht von diesen beiden Wortungeheuern abschrecken! Beide Begriffe sprechen die beiden Nervensysteme an, die unseren Organismus bestimmen. Das Nervensystem hat eine wunderbare Arbeitsteilung vorgenommen. Das *willkürliche* Nervensystem regelt die Beziehungen zur Außenwelt, das *unwillkürliche (vegetative)* Nervensystem regelt die inneren Angelegenheiten des Organismus.

Sympathikus und Parasympathikus (Vagus) steuern alles im Körper, was nicht unserem Willen unterstellt ist:
- das Tempo der Herzschlages,
- die Atmung, die Tag und Nacht funktionieren muß,
- die Verdauung,

– Hunger und Durst.

Da ist zunächst der *Sympathikus*. Er ist der Antreiber in unserem vegetativen Nervensystem. Der Sympathikus ist verantwortlich für:
– Kampf und Flucht,
– eine hemmende Wirkung im Magen-Darm-Trakt,
– eine Steigerung der Herz- und Lungentätigkeit,
– eine Stimulierung der Nebennierendrüsen,
– Spannungen im Muskelbereich,
– Bluthochdruck,
– die gebremste Verdauung,
– Obstipation (Stuhlverstopfung).

Der *Vagus* bzw. der Parasympathikus ist verantwortlich für:
– die Entspannung der Organe,
– Erholung und Regeneration der verschiedenen Körperfunktionen,
– eine Verlangsamung des Herzschlages,
– ruhige Atmung,
– eine Erschlaffung der Muskulatur,
– die Erweiterung der Blutgefäße,
– eine geförderte Verdauung.

Nun gibt es zwei verschiedene Konstitutionstypen, die entsprechend der beiden Nervensysteme reagieren. Es gibt Menschen, die stärker vom Sympathikus und andere, die vorherrschend vom Vagus bestimmt werden. Diese Einstellungsmuster sind zum Teil anlagebedingt und schon in den ersten Lebensjahren erworben.

Die Sympathikotoniker sind *Konfliktvermeider*. Weil sie Probleme bremsen und verdrängen, feindselige Äußerungen schlucken, kommt es zu Organstörungen, weil der Organismus ständig auf Hochtouren läuft. Der Sympathikus ist ja der Antreiber, der Energien mobilisiert, die aber nicht zum Einsatz kommen. Die Folge ist:

- Der Organismus befindet sich ständig in Kampf- und Flucht-bereitschaft, also in erhöhter Spannung,
- die Herztätigkeit ist gesteigert,
- der Blutdruck ist erhöht,
- die Kohlehydratreserven sind mobilisiert,
- der Stoffwechsel ist vermehrt.

Aber es gibt keine Entlastung, es gibt keine Entwarnung. Die Hochspannung bleibt. Eine neurotische Angst entwickelt sich, eine gehemmte und gestaute Wut breitet sich aus.

Nur wenn beide Systeme harmonisch und abgestimmt arbeiten, ist der Mensch im Gleichgewicht.

Die Ärztin und Psychotherapeutin Dr. Bertha Sommer, ehemalige Direktorin des Berliner Zentralinstitutes der Evangelischen Kirche in Deutschland für Ehe- und Lebensfragen, beschrieb diese Zusammenarbeit der beiden Nervensysteme folgendermaßen:

„Die innere Ökonomie des Organismus während Anstrengung und Erholung verhält sich wie eine Nation in Krieg und Frieden. Kriegswirtschaft bedeutet Bevorzugung von Kriegsproduktion und Bremsung gewisser friedenswirtschaftlicher Produktionen. Tanks werden anstelle von Autos hergestellt, Munition anstelle von Luxusgütern produziert. Im Organismus entspricht der emotionale Zustand des Bereitseins der Kriegswirtschaft und der Erholung der Friedenswirtschaft. Bestimmte Organsysteme, die in der Notsituation gebraucht werden, werden angeregt, während andere Organsysteme Hemmungseinflüssen unterliegen bzw. umgekehrt.

Bei neurotischen Störungen der vegetativen Funktionen ist diese Harmonie zwischen äußerer Situation und innerlichen vegetativen Prozessen gestört. Die Störung kann verschiedene Formen annehmen. Die emotionalen Störungen von vegetativen Funktionen können ganz allgemein in zwei hauptsächliche Kategorien eingeteilt werden. Diese zwei Kategorien entsprechen den zwei grundlegenden emotionalen Einstellungen . . .“[4]

Störungen beim Sympathikotoniker

Er ist der emotional Aggressivere, ein Mensch,
- der schreien, laut reagieren kann,
- der im Alltag rennt und in Eile ist,
- der sich unbeherrscht und sehr temperamentvoll verhält,
- der mit Herzklopfen und Bluthochdruck reagiert,
- der an Herzinfarkt und Gefäßerkrankungen leidet.

Wenn diese zupackende und treibende Einstellung allerdings gehemmt ist, wenn die draufgängerische Art gebremst wird, wenn Konflikte vermieden und verdrängt werden, dann lebt der Organismus in einer ständigen Alarmbereitschaft. Die Mobilmachung setzt den Organismus in Spannung. Die Überreaktionen im Inneren führen zu Herzstörungen und Krankheiten. Der Blutdruck ist erhöht.

Störungen beim Vagotoniker

Der Vagus ist bekanntlich der Bremser. Und der Vagotoniker hat diesen Lebensstil einverleibt. Der Vagotoniker zieht sich zurück. Er ist ein abhängiger Mensch. Er hat es schwer, der rauhen Wirklichkeit ins Auge zu sehen. Seine erste Regung bei Problemen ist es, sich hilfesuchend umzusehen. Als Kind hat er oft auch so gehandelt. Rückzug vor der Handlung, das ist die Lebenseinstellung des Vagotonikers.
- Er bekommt in Gefahrensituationen Durchfall;
- er „macht in die Hosen";
- er schreckt viel mehr zurück als der Sympathikotoniker;
- er will gefüttert und umsorgt werden;
- er identifiziert sich mit Helden (nur in der Phantasie);
- er neigt zu Magenüberreaktionen, wenn er nur daran denkt, kämpfen zu müssen;
- er ist der typische Magen-Darm-Kranke.

Bei ihm hat der Vagus (Parasympathikus) das Sagen. Er ist für die erhöhte Magensäureproduktion und die Kampfbereitschaft der Magen-Darm-Muskulatur zuständig.

Säure greift an,

Säure ätzt und beißt,

Säure zersetzt,

Säure ist eindeutig aggressiv.

Säure hängt mit *sauer* zusammen. Und nichts kennzeichnet einen Menschen treffender, als wenn er sagt: „Ich bin sauer!" Gelingt es ihm nicht, diese Aggressionen sinnvoll zu bearbeiten, und er schluckt den Ärger hinunter, dann somatisiert sich seine Aggression, sein Sauersein äußert sich in Magensäure.

Als Christ ist der Vagotoniker der *Beherrschte*.

Er hat äußerlich alles im Griff. Als Christ wird er nicht laut, er ist der festen Überzeugung, daß Schweigen besser ist als Streiten, Kämpfen und Sich-Auseinandersetzen. Er leidet unter dem Zorn des Sympathikotonikers.

Und weil er oft ein „Leisetreter" ist, spricht er mit Magenbeschwerden. Er muß lernen,

– sich auszusprechen,

– seinen Ärger mitzuteilen,

– seine Unzufriedenheit herauszulassen und

– ungelöste Probleme zu bearbeiten.

8. Die Selbstzerfleischung

Ein wahres und hilfreiches Sprichwort lautet: „Gut gekaut ist halb verdaut." Unser Magen ist das Organ, das alle Dinge *aufnimmt und verdaut*.

Alle Eindrücke, die von draußen kommen, müssen verarbeitet und vor allen Dingen verdaut werden. Was drücken wir damit aus, wenn wir sagen:

„Die Geschichte habe ich noch nicht *verdaut!*"

„Wenn ich das Problem mit meinem Vorgesetzten doch schon *verdaut* hätte!"

Schlecht gekaute Nahrung ist für den Magen eine enorme Belastung. Der gereizte und übersäuerte Magen kann die Nahrung *nicht vertragen*. Er wehrt sich.

Kauen ist ein aktives und zupackendes Verhalten.

Wer gut kaut, verdaut gut;

wer gut kaut, stellt sich den Problemen;

wer gut kaut, setzt sich auseinander und *verschluckt* die Konflikte nicht.

Fehlt dieses angreifende, zupackende und verarbeitende Verhalten, das sich im Kauen niederschlägt, werden die Probleme eben unzerkaut *heruntergeschluckt.* Sie werden verdrängt. Und die Last trägt der Magen.

Er soll ausfressen, was wir ihm eingebrockt haben. Er soll die „harten Brocken" verdauen, die wir ihm zugeschoben haben. Deutlich wird:

– der Magenkranke ist oft ein Konfliktvermeider,

– der Magenkranke schiebt die dicken Brocken, die ihm das Leben serviert, beiseite, und sie landen im Magen-Darm-Trakt, der überfordert ist und mit Krankheit reagiert.

Daß diese Zusammenhänge keine unwissenschaftlichen Gedankenspiele sind, haben uns schon vor Jahrzehnten die Versuche des russischen Forschers Pawlow an Hunden demonstriert. Die Magensekretion steht unmittelbar mit unserer Seele in Verbindung. Pawlow zeigte, daß Hunde, die Futter bekommen, eine meßbare Speichel- und Magensekretion aufzeigen. Der Forscher experimentierte dann mit einem Glockenton, der zur selben Zeit, wenn das Futter gereicht wurde, ertönte. Später ließ er nur den Glockenton erschallen, und der Hund reagierte auch dann mit der beschriebenen Sekretion.

Menschen, die Probleme beiseite schieben, die konfliktscheu reagieren, belasten ihren Magen. Und die Folge? Beim Magengeschwür wird die eigene Magenwand verdaut. Statt konstruktiv mit Herausforderungen des Lebens umzugehen, werden die Schwierigkeiten verdrängt, nach innen verlagert und dem Magen-Darm-Trakt überantwortet. Daraufhin reagiert er buchstäblich mit *Selbstzerfleischung.*

Konfliktvermeidung und Selbstzerfleischung sind auch ein geistliches Problem. Die Leitmotive biblischen Denkens machen uns deutlich, daß wir im Frieden mit dem Nächsten, mit

Gott und mit uns selbst leben sollen. Dazu gehört aber, daß wir Unfrieden wahrnehmen, aussprechen und ihn in Gespräch auflösen und so Frieden entstehen kann. Dann wird Selbstzerfleischung überflüssig. Die Regel heißt hier: Nicht schweigen, sondern reden, nicht verdrängen, sondern klären, nicht herunterschlucken, sondern sich dem Konflikt stellen.

9. Fragen zum Nachdenken

- Welche ernsten Probleme gibt es, die Sie in sich hineinfressen?
- Lassen Sie Gefühle von Wut und Zorn zu, oder schlucken Sie sie herunter?
- Bearbeiten Sie Ihre Gefühle, und sprechen Sie mit vertrauten Menschen Ihre Unzufriedenheit durch?
- Denken Sie daran, Ihre Probleme und Sorgen im Gebet vor Gott auszubreiten?
- Gehen Sie Konflikten in Ehe, Familie und Beruf aus dem Weg?
- Gehören Sie zu den Menschen, die alles mit sich selbst abmachen müssen?
- Verhalten Sie sich lieb und überangepaßt, um bei der Umgebung nicht anzuecken?
- Entdecken Sie Verhaltensmuster in sich, die der „Selbstzerfleischung" ähneln?
- Meinen Sie, immer alles perfekt machen zu müssen?

X. In Beziehungen leben – streiten lernen

Unser Körper spricht, wir nehmen das wahr und hören genau hin. Vielleicht sind wir bereit, Mißstände in unserem Leben, wie sie in den vorhergehenden Kapiteln beschrieben wurden, aufzudecken und vor Gott zu bringen. Das wiederum geht einher mit dem Einüben in neue Verhaltensweisen, wie ich es bereits erwähnte.

Die Schwierigkeit, die für viele Menschen an dieser Stelle oft hinzukommt, ist die, daß wir in *Beziehungen*, in *Gemeinschaft* leben. Verändern – das geschieht also nicht „solo", sondern immer in Beziehung zum Ehepartner, zu den Kindern, zu Freunden und Kollegen.

Wir wollen doch – gerade als Christen – in Harmonie leben mit Gott, mit uns selbst und mit unseren Nächsten. Der Umgang miteinander spielt sich zu einem großen Teil über die Kommunikation ab. Und wir alle wissen, daß Kommunikation auch oft Streit bedeutet. Denn Spannungen und Konflikte gehören zum Alltag des Menschen dazu. Wer sie ausklammert, verdrängt und beschönigt; er fördert die Unzufriedenheit und verstärkt psychosomatische Beschwerden.

Wer sie *nicht* ausklammert, hat immer noch in der Hand, wie er damit umgehen will.

Je nachdem, *wie* wir miteinander streiten, können wir unser Gesundwerden und -bleiben fördern oder hemmen.

Positiver Streit kann fair, konstruktiv und hilfreich für beide Seiten sein. Und das können wir lernen. Im folgenden möchte ich elf Denkanstöße geben, die uns helfen können, den Umgang miteinander fruchtbarer und befriedigender zu gestalten – durch positives Streiten.

Elf Denkanstöße

Denkanstoß Nr. 1:
Hinter den Streit sehen

Konflikte und Streit kommen in allen menschlichen Beziehungen vor (Ehe, Freundschaft, Kameradschaft und Mitarbeiterschaft). Das *Verstehen* des Streites ist der erste Schritt zur Bewältigung. Verstehen heißt, hinter die Fassade des Streitinhalts zu schauen. Welche Bedingungen halten den Streit aufrecht? Welche lieblosen und ungeistlichen Motive fördern den Streit?

„Woher kommen denn die Kämpfe und Streitigkeiten zwischen euch?

Sie entspringen den Leidenschaften, die ständig in eurem Inneren toben. Ihr verzehrt euch nach etwas, was ihr gern hättet. Ihr seid neidisch und eifersüchtig, aber das bringt euch dem ersehnten Ziel nicht näher. Ihr kämpft darum; aber ihr bekommt es nicht, weil ihr Gott nicht darum bittet. Und wenn ihr ihn bittet, bekommt ihr es nicht, weil ihr nur in der Absicht bittet, eine unersättliche Gier zu befriedigen" (Jak 4,1 ff.).

Unsere verborgenen Beweggründe sind oft Eifersucht und Neid, Unterlegenheitsgefühle, Wut und Rechthaberei. Wir wollen haben und nicht verzichten, wir wollen siegen und nicht verlieren.

Denkanstoß Nr. 2:
Die Motive prüfen

Negativer Streit beinhaltet oft persönliches Verletztsein. Wer sich getroffen und gekränkt fühlt, will nicht der Wahrheit die Ehre geben, sondern sein Prestige retten. Der Streit wird vermutlich verschärft. Darum prüfen Sie Ihre Motive! Je persönlicher Sie einen Streit angehen, desto unsachlicher wird er verlaufen. Was wollen Sie im Streit erreichen? Sind es egoistische, destruktive oder konstruktive Motive? Wünschen Sie sich für beide Parteien zufriedenstellende Lösungen, oder wollen Sie sich nur durchsetzen?

„Der Mensch hält alles, was er tut, für richtig! Gott aber prüft die Beweggründe" (Spr 16,2).

Unsere Vorurteile sind Selbstbetrug. Unsere irrationalen Überzeugungen rufen Streit und Machtkampf hervor. Im Gebet oder in der Seelsorge kann Gott uns die verborgenen Motive erkennen lassen. Gott prüft unsere Selbstgerechtigkeit.

Denkanstoß Nr. 3:
Den Streit bejahen
Streit beinhaltet Meinungsverschiedenheiten. Diese müssen ausgehalten und ausgefochten werden. Die Wahrheit muß ans Licht. Indem Sie den Streit bejahen, halten Sie die Menschen für wahrheitsfähig. Eine streitlose Partnerschaft ist eine fragwürdige Beziehung. Falsche Nachgiebigkeit und Harmoniesucht verhindern die Auseinandersetzung und die Klärung von Unzufriedenheit.

Den Streit bejahen heißt auch, die eigene Selbstsucht zu bejahen, die Haupttriebfeder für Zank und Streit. Paulus charakterisiert dieses Kernmotiv so:

„Wohin die menschliche Selbstsucht führt, kann jeder sehen: zu ... Streit, Gehässigkeit, Rivalität, Jähzorn, Geltungsdrang, Uneinigkeit und Spaltungen" (Gal 5,19–20).

Denkanstoß Nr. 4:
Streiten schafft Kontakt
Viele Menschen streiten, um *Kontakt* zu suchen. Sie streiten, un den andern herauszufordern. Sie wollen nicht verletzen oder diskriminieren. Indem sie laut und heftig werden, versuchen sie, die Nähe des andern zu erzwingen. Auf alle Fälle suchen sie Nähe. Können Sie im Streit dem anderen positive Absichten unterstellen?

Besonders Frauen „kämpfen" verbal, um vom Partner Antworten und Reaktionen herauszufordern. Viele Männer verstehen diese Annäherung jedoch als negativen Streit.

„Behandelt die Menschen so, wie ihr selbst von ihnen behan-

delt werden wollt – das ist alles, was das Gesetz und die Propheten fordern" (Mt 7,12).

Diese „goldene Regel" der Kommunikation garantiert ein
faires Streiten. Streitpunkte werden klar und formuliert, Aggressionen hingegen vermieden.

Denkanstoß Nr. 5:
Den Streit nicht vor sich her schieben
Wer Probleme und Konflikte auf die lange Bank schiebt, verstärkt die Schwierigkeiten. Der Konfliktvermeider erreicht
einen Friedhofsfrieden, aber keinen wahren Frieden. „Im Keller heulen die Wölfe", schrieb Nietzsche. Wer Probleme verdrängt, untergräbt die Beziehung und produziert unter Umständen psychosomatische Störungen und Krankheiten.

„Wenn du zum Altar gehst, um Gott deine Gaben zu bringen,
fällt dir dort vielleicht ein, daß dein Bruder etwas gegen dich
hat, dann laß deine Gabe vor dem Altar liegen, geh zuerst zu
deinem Bruder und söhne dich mit ihm aus. Danach kannst du
Gott deine Opfer darbringen" (Mt 5,23 ff.).

Friede mit Gott und Friede mit den Mitmenschen gehören
untrennbar zusammen. Streitprobleme dürfen von uns Christen
nicht verharmlost, überspielt und verdrängt werden.

Denkanstoß Nr. 6:
Das Ziel deutlich machen
Es ist hilfreich, dem Streitpartner die eigenen Wünsche, Ziele
und Absichten klar und deutlich zu erläutern. Dann werden sie
für ihn kalkulierbar. Erst dann kann er verstehen, was wir mit
dem Streit erreichen möchten, und darauf eingehen.

Denkanstoß Nr. 7:
Sich selbst in Frage stellen
Lassen Sie Ihre Vorurteile hinterfragen! „Es kann alles auch
ganz anders sein!" pflegte Alfred Adler seinen Zuhörern einzu-
hämmern. Irren ist menschlich. Wer sich in Frage stellen kann,
ist für die Argumente des Gegners aufgeschlossen. Rechthabe-

rei führt zu destruktivem Streiten. Wer sich in Frage stellt, stellt auch seine Vorurteile in Frage.

„Verurteilt nicht andere, damit Gott nicht euch verurteilt ... Warum kümmerst du dich um den Splitter im Auge deines Bruders und bemerkst nicht den Balken in deinem eigenen?

Wie kannst du zum Bruder sagen: ‚Komm her, ich will dir den Splitter aus dem Auge ziehen, wenn du selbst einen ganzen Balken im Auge hast? Du Scheinheiliger, zieh erst den Balken aus deinem Auge, dann kannst du dich um den Splitter im Auge deines Bruders kümmern" (Mt 7,3–5).

Die Bibel geht von Streit und Auseinandersetzungen aus. Wichtig ist, daß die Arbeit am Problem bei mir beginnt und nicht beim andern. Ich untersuche meine Anteile und Motive und „ziehe" Konsequenzen. Wer nur verbal Mitschuld eingesteht, aber keine Konsequenzen „zieht", hat kein Recht, dem Gegenüber „Splitter" in dessen Optik aufzuzeigen.

Denkanstoß Nr. 8:
Ich-Botschaften senden
Du-Botschaften verschärfen den Streit. Sie beinhalten Vorwürfe, Anklagen und stempeln den anderen zum Sündenbock. Du-Botschaften sind Vorurteile, sie kränken und rufen Gegenangriffe hervor. Der Gesprächspartner reagiert trotzig, fühlt sich beschuldigt und schlägt zurück. Ich-Botschaften verringern den Widerstand, klagen nicht an und beschämen den Partner nicht. Ich-Botschaften motivieren den Gegenspieler dazu, gemeinsam über positive Lösungen nachzudenken.

Denkanstoß Nr. 9:
Annahmen durch Rückfragen überprüfen
Beim Streit haben beide Parteien Vorurteile. Sie machen in der Regel Unterstellungen. Diese Unterstellungen sind häufig *Selbsttäuschungen*. Niemand kann die Gedanken des anderen lesen. Wir glauben das aber nicht selten. Beide Gesprächspartner vergewissern sich durch Rückfragen, ob ihre Annahmen auch stimmen. Diese gegenseitigen Rückmeldungen verhin-

dern Mißverständnisse: „Habe ich dich richtig verstanden, du siehst die Dinge also so und so?"

Denkanstoß Nr. 10:
Unterschiedliche Standpunkte stehenlassen
Es gibt bei Auseinandersetzungen immer wieder unversöhnliche Standpunkte. Unterschiedliche Meinungen müssen keinen Krieg zur Folge haben. Suchen Sie Wege, wie Sie mit gegensätzlichen Auffassungen leben können. Wer kontroverse Stellungnahmen bejaht, respektiert den anderen.

Denkanstoß Nr. 11:
Gemeinsam nach Lösungen suchen
Einseitige Lösungen, die erzwungen, erpreßt oder diktiert wurden, brüten neue Konflikte aus. Wenn Sie können, nehmen Sie sich Zeit für die Lösungsversuche. Zwischenlösungen können von beiden Seiten getestet werden. Eine Lösung, die beide Seiten befriedigt, bewahrt vor ständigen neuen Auseinandersetzungen.

„Eine versöhnliche Antwort kühlt den Zorn ab, ein verletzendes Wort heizt ihn an . . . Ein versöhnliches Wort hilft anderen zum Leben; wer unversöhnlich redet, zerstört jede Gemeinschaft" (Sprüche 15,1 + 4).

Wer Probleme lösen will, muß versöhnungsbereit sein. Wer selbstgerecht, nachtragend, rechthaberisch und stolz ist, gießt unbewußt Öl ins Feuer. Nur Versöhnungsgesinnten gelingen Lösungen, die beiden Parteien gerecht werden.

XI. Krankheit als Chance

1. Glaube: vorbeugend und heilend

Wer betet und sich an den Herrn der Welt und den Herrn unserer Krankheiten und Leiden wendet, ist besser dran. Eugen Roth drückt den umgekehrten Sachverhalt treffend aus:

„Wer nicht mehr traut auf Gottes Willen, ersetzt sein Nachtgebet durch Pillen."

Der amerikanische Arzt Dr. McMillen formuliert am Schluß seines Buches „Vermeidbare Krankheiten" unsere Haltung gegenüber Krankheit und Leiden. Hingabe an Jesus Christus trägt Früchte. Sie hat Einfluß auf Leib und Seele, auf Zufriedenheit und Unzufriedenheit, Harmonie und Disharmonie.

„„Jesus sprach: Wahrlich, ich sage euch: Es ist niemand, der Haus oder Brüder oder Schwestern oder Mutter oder Vater oder Kinder oder Äcker verläßt um meinetwillen und um des Evangeliums willen, der nicht hundertfältig empfange jetzt in dieser Zeit Häuser und Brüder und Schwestern und Mütter und Kinder und Äcker mitten unter Verfolgung und in der zukünftigen Welt das ewige Leben.' Keiner weiß besser als Jesus, daß Preisgabe Schmerz bedeutet. Aber er verspricht uns, daß wir hier schon – nicht erst in der Ewigkeit – hundertfach entschädigt werden. Wir können das am besten verstehen, wenn wir an die vielen somatischen und körperlichen Krankheiten denken, von denen wir in diesem Buch gesprochen haben. Hinter Freuden und Leiden dieses Lebens steht nicht ein großes Fragezeichen – am Ende unseres Lebens steht ER. Die Störenfriede sind beseitigt, die Krankheitserreger sind ausgeschaltet, Kraft, Friede und Freude sind eingekehrt."[1]

Viele gefährliche, krankmachende Stressoren wie Eifersucht,

Leid, Mißgunst, Ärger, Wut, Zorn und andere dissoziale Verhaltensweisen trennen uns nicht nur von Christus, sondern auch von den Menschen. Die hundertfache Entschädigung erhalten wir hier und heute. Das ist ausschlaggebend. Christsein ist keine Jenseitsvertröstung. Leben aus dem Glauben an unseren Herrn wirkt vorbeugend gegen Streß und vielerlei Krankheiten und ist an deren Heilung maßgeblich beteiligt. Das ist kein gläubiges Wunschtraum-Denken, das ist eine fundamentale therapeutische Weisheit.

2. Leid und Krankheit als Heim-Suchung

Die deutsche Sprache drückt unmißverständlich aus, was Krankheiten und Leiden *auch* bedeuten können: Heimsuchungen. Einer der bedeutendsten Theologen des Mittelalters, Anselm von Canterbury, tröstete einmal einen Leidenden mit den Worten:

„Da die Wasser wuchsen, hob sich die Arche in die Höhe. Das Leiden soll uns in die Höhe tragen."

Leid und Krankheit können neue Dimensionen eröffnen. Sie können Wahrheiten freilegen, die in gesunden Tagen zugeschüttet bleiben. Leid kann uns Bereiche erschließen, die der Gesunde tabuisiert, die er meidet und verdrängt. Der französische Dichter André Gide, der 1951 verstarb, schrieb einen Essay über das Thema: „Zwiesprache am Krankenbett." Bei ihm heißt es:

„Ich glaube, daß Krankheiten Schlüssel sind, die uns gewisse Tore öffnen können. Ich glaube, es gibt gewisse Tore, die einzig die Krankheit öffnen kann. Es gibt jedenfalls einen Gesundheitszustand, der es uns nicht erlaubt, alles zu verstehen. Vielleicht verschließt uns die Krankheit einige Wahrheiten; ebenso aber verschließt uns die Gesundheit andere oder führt uns davon weg, so daß wir uns nicht mehr darum kümmern. Ich habe unter denen, die sich einer unerschütterlichen Gesundheit erfreuen, noch keinen getroffen, der nicht nach irgendeiner Seite hin ein bißchen beschränkt gewesen wäre, wie solche, die nie gereist sind. Und ich erinnere mich, daß Charles-Louis Philipp die Krankheit ‚die Reise der Armen‘ nannte."

Leid kann zum Brecheisen des Unglaubens werden. Aber auch unser Glaube kann Stück für Stück daran zerbrechen. Hiob wäre fast daran gescheitert. Und doch hat ihn unermeßliches Leid reich gemacht. Der lebendige Gott dirigiert uns nicht nur über glatte Autostraßen, sondern auch durch Engpässe hindurch – vielleicht, um uns neue Horizonte zu eröffnen.

3. Selig sind, die da Leid tragen

Andere Übersetzungen lauten: „Selig die Trauernden..." oder: „Glückselig zu preisen die Trauernden."

Jesus preist die Menschen selig, die bewußt Leid, Schmerzen, Nöte und Enttäuschungen tragen, die nicht Leid und Kreuz mit heftigem Protest von sich weisen. Hier ist nicht nur *Sünden*leid gemeint, sondern alles, was die Macht des Todes umfaßt.

Der indische Philosoph Tagore schrieb über die Bejahung des Leides:

„Laß mich nicht bitten, vor Gefahr bewahrt zu werden, sondern ihr furchtlos zu begegnen;

laß mich nicht das Ende der Schmerzen erflehen, sondern das Herz, das sie besiegt;

laß mich auf dem Kampffeld des Lebens nicht nach Verbündeten suchen, sondern nach meiner eigenen Stärke;

laß mich nicht in Sorge und Furcht nach Rettung rufen, sondern hoffen, daß ich Geduld habe, bis meine Freiheit errungen ist;

gewähre mir, daß ich kein Feigling sei, der seine Gnade nur im Erfolg erkennt; laß mich aber den Halt deiner Hand fühlen, wenn ich versage."[2]

Diese Seligpreisung ist kein Loblied auf eine Tugend. Trauer und Leid tragen sind keine Tugenden. Sie sind ein Warten auf Gott, der uns die Verheißung zuspricht, daß er selbst eingreift.

Gottes Eingreifen heißt: Jesus Christus. Deshalb kann sich, wer das Auf-sich-Nehmen des Leides nicht fertigbringt und deshalb allzu schnell als schwach, kleingläubig und ungläubig angesehen wird oder sich so fühlt, an Christus, den Tröster, wenden.

Im Propheten Jesaja, und zwar im 62. Kapitel, wird der erwartete Messias gekennzeichnet:

„Der Geist des Herrn Jahwe ist auf mir, weil Jahwe mich gesalbt hat. Er hat mich gesandt, die Freudenbotschaft den Elenden zu bringen, die zerbrochenen Herzen zu verbinden . . . alle Trauernden zu trösten." Der Messias ist der Tröster, der Freudenbote und seine Botschaft eine frohe Botschaft.

4. Der aktive Kranke

Wer sich hinter seiner Krankheit *versteckt*, wer sie als *Alibi* benutzt, wer sie als *Vorwurf* und unabänderliches *Schicksal* betrachtet – unheilbare Krankheiten sind natürlich gesondert zu betrachten –, der neigt zur Passivität. Passivität, Entmutigung, Lethargie und Resignation lähmen die Möglichkeit zur Gesundung. Die Heilung hängt nicht nur von der ärztlichen Kunst und der Wirksamkeit der Medikamente ab, sondern auch vom Patienten, der den *Willen* hat, gesund zu werden. Wir können sowohl resignierend leben als auch zuversichtlich und zutiefst an das Beste glaubend: „Dein Wille geschehe!" Der Unterschied kann sich körperlich und seelisch auswirken.

Selbstverständlich gibt es auch eine ungesunde Aktivität. Viele zermartern sich den Kopf, wie es weitergehen soll. Sie liegen wach und wollen die Kontrolle nicht verlieren. Sie wollen krampfhaft alle Fäden in der Hand behalten. Sie lassen sich die Arbeit ans Bett kommen und dirigieren von dort aus Büro oder Haushalt. Sie machen Vorschriften, halten die gesamte Umgebung in Trab und fühlen sich unentbehrlich. Das ist negativer Streß und damit nicht der Gesundheit förderlich.

Wie können wir als Kranke im *positiven* Sinne aktiv werden? Indem wir nicht mehr an uns selbst denken, als es ein gesunder

Egoismus erlaubt. Wer nur um sich selbst kreist, verschlimmert sein Leiden. Wer seine Blicke, Gedanken, Gefühle und Worte nur noch auf seine eigenen Schmerzen, Gebrechen oder Probleme lenkt, verstärkt alle Symptome. Wer aber sein Leiden ernst nimmt, den Blick auf Gott richtet und gesund werden will, der ist aktiv. Und nicht zuletzt gilt, was Theodor Glaser schreibt:

„Wer seine Hände faltet, arbeitet mit Gott Hand in Hand und ist so aktiv, wie er aktiver nicht sein kann."[3]

5. Auf unsere Reaktion kommt es an

Jeder Mensch reagiert auf Gefahren, Not, Streß, Druck, Drohungen, Beschimpfungen, Enttäuschungen, Krankheiten und Bedrückungen verschieden. Der eine *kann* die Situation dankbar zur persönlichen Reifung in sein Leben einbauen, der andere *muß* – wie er sagt und meint – verzweifelt, zornig, empört und deprimiert darauf reagieren. Der amerikanische Arzt Dr. McMillen schreibt dazu:

„Durchs gleiche Gitter schauen zwei Männer in die Ferne – der eine sieht Morast, der andere sieht die Sterne! Die medizinische Bedeutung der Aussage ist erst im letzten Jahrzehnt von Wissenschaftlern erkannt worden. Zwei Männer im Gefängnis reagierten grundverschieden auf Streß. Den einen trieben die Gitterstäbe zur Verzweiflung, den anderen begeisterten die Sterne. Der bedrückte Gefangene entwickelte Streßsymptome im Körper und öffnete sich vielen gefährlichen, vielleicht sogar tödlichen Krankheiten. Eine Untersuchung seines Blutes hätte überdurchschnittliche Mengen schädlicher chemischer Stoffe ergeben. Diese Substanzen werden von Drüsen erzeugt, angeregt durch seelische Reaktionen, durch Bedrücktsein, Bitterkeit, Zorn, Haß, Angst und Furcht."[4]

Wie werden wir mit Streßsituationen fertig?

Reagieren wir *negativ*, oder können wir *positiv* reagieren? Eine eintrainierte pessimistische Denk- und Reaktionsweise macht Menschen zu Schwarzsehern, die nichts als schwarzsehen können. Andere können sich gut anpassen, sie nehmen Ereignisse als Herausforderungen, die ihnen helfen, das Leben besser zu meistern, die sie reifen und wachsen lassen. Grübeln und Selbstmitleid sind destruktive Reaktionen. Sie können verschiedene körperliche Leiden heraufbeschwören, wie schon beschrieben wurde.

Wir sind es selbst, die darüber entscheiden, ob wir gesünder oder bitterer und damit kränker werden. Wir selbst können zu einem großen Teil darüber entscheiden, ob wir den „Morast" sehen oder die „Sterne", ob wir den Rosengarten genießen wollen oder nur das Mistbeet im Auge haben. *Negative* Augen sind ebensowenig ein unumstößliches Erbe wie *positive* Augen, die auch kein ausschließlicher Besitz für Optimisten sind. Wir können Schritt für Schritt üben, das Gute, das Positive, das für uns Hilfreiche und Nützliche sehen zu lernen. Wir können uns kraft des regelmäßigen Gebets systematisch umstellen, wir können lernen, Mißgeschicke als therapeutischen Bestandteil im Plan Gottes zu erkennen.

Hoffnung, Glaube und ein Ziel im Leben sind medizinisch notwendig. Verzweiflung tötet. Resignation treibt in die Katastrophe. Hoffnung hingegen beflügelt, treibt nach vorn, aktiviert unsere körperliche, seelische und geistige Energie.

Warum konnte beispielsweise Paulus die bedrückenden Streßsituationen, die ihm täglich begegneten, gefaßt und erfolgreich bestehen? Er sagt es selbst:

„Wer will uns scheiden von der Liebe Gottes? Trübsal oder Angst oder Verzweiflung oder Hunger oder Blöße oder Gefahr oder Schwert? Wie geschrieben steht: ‚Um Deinetwillen werden wir getötet den ganzen Tag; wir sind geachtet wie Schlachtschafe.' Aber in dem allen überwinden wir weit durch den, der uns geliebt hat" (Röm 8,35–37).

Paulus beschreibt hier ein geistliches und therapeutisches Geheimnis, das uns allen viel geben kann: Er schaut jeden Tag dem Schlechten realistisch ins Auge, er verdrängt nicht Angst, Leiden und Todesdrohungen. Er nimmt die Realität ernst. Er sieht sich als Schlachtschaf und schaut dennoch mit dem gleichen Blick „auf die Sterne". Als Todgeweihter kann ihn nichts mehr bekümmern. Er läßt sich nicht nervös machen. Kleine Dinge werden plötzlich unwesentlich. Die kleinen Nadelstiche, die oft unser Leben bestimmen und tyrannisieren, werden lächelnd in den Papierkorb geworfen – wohin sie auch gehören. Auch Paulus weiß nicht, was die Zukunft bringt, aber er weiß, *wer* sie bringt.

a) Den „Morast" sehen – ein Fallbeispiel

Ein Pfarrer überweist mir eines Tages eine Frau, die er als kompliziert und empfindlich charakterisiert. Die Frau habe ihn zweimal besucht und sei nicht wiedergekommen. Verstehen könnte er das nicht. Die Beziehung sei in beiden Gesprächen gut gewesen. Die Atmosphäre – für seine Begriffe – ausgesprochen warmherzig. Er habe sie angerufen, um sich nach ihrem Ergehen zu erkundigen, und die Frau hätte sinngemäß geantwortet:

„Ich habe immer das Gefühl gehabt, daß Sie mich nicht verstehen und sich über meine Probleme lustig machen. Nehmen Sie's mir bitte nicht übel, daß ich nicht wiederkomme."

Um die angefangene Beratung nicht ergebnislos zu beenden, riet er der Frau, sich mit mir in Verbindung zu setzen. Sie kam tatsächlich, und wir sprachen als erstes über den unausgetragenen Konflikt zwischen ihr und dem Pfarrer:

Ich: „Was haben Sie dabei empfunden? Wie haben Sie die Gespräche erlebt?"

Sie: „Er war sehr nett zu mir, sehr warmherzig, das kann ich nicht anders sagen, aber er lächelte so hinterhältig."

Ich: „Sie haben das als heuchlerisch und unecht empfunden?"

Sie: „So, als wollte er ständig sagen: ,Das sind doch Bagatellen! Darüber lohnt sich doch nicht zu reden!'"

Ich: „Er *wollte* es sagen, haben Sie formuliert. Getan hat er es aber nicht."

Sie: „Nein, er hat es nicht getan. Aber ich weiß es, daß er so gedacht hat."

Ich: „Sie wissen es. Sie glauben es zu wissen. Sie sagen das sehr bestimmt."

Sie: „Das ist ja kein Einzelfall. Ich werde so behandelt. Wenn man nur eine Frau ist, wird man ja nicht ernst genommen."

Ich: „Sie haben in Ihrem Leben erfahren, daß Sie als Frau nicht ernst genommen werden."

Sie: „Sehen Sie, zu Hause waren wir vier Kinder. Zwei Jungen und zwei Mädchen. Ich war die Dritte. Mein Vater ist früh gestorben, und meine Mutter mußte für die Familie sorgen. Die Jungen wurden vorgezogen. Die setzten sich durch. Männer haben es leichter im Leben. Aber wir Mädchen! Wir wurden zurückgestellt. Unsere Probleme wurden gar nicht ernst genommen. Das waren ja alles nur Bagatellen."

Ich: „Wenn ich Sie richtig verstehe, dann glauben Sie, daß sich Männer besser im Leben durchsetzen, daß sie ernster genommen werden, daß Frauen es schwerer haben und mit ihren Bagatellen einfach abgeschoben werden."

Sie: „So ist es. Ich hatte immer so viele Fragen. Mutter hatte keine Zeit für mich. Sie sagte einfach: Mit solchen Kleinigkeiten gebe ich mich nicht ab."

Ich: „Und heute noch machen Sie die Erfahrung, daß Ihre Probleme wie Bagatellen beiseite geschoben werden."

Sie: „Ich habe es nie anders erlebt. In meiner Kindheit nicht, in meiner Ehe nicht, niemals."

Ich: „Und Sie *wollen* es in meiner Beratung auch so erleben?"

Sie (lächelt): „Ich will das natürlich nicht. Aber wenn ich ehrlich sein soll, erwarten tue ich nichts anderes."

Hier wird deutlich:

– Unsere *negativen Erwartungen* werden sich erfüllen. Was wir erwarten, tritt ein. Sich erfüllende Befürchtungen können programmiert werden.

– Die Frau *projiziert*. Jeweils schaut sie in die Seelsorger die gleichen Verhaltensweisen hinein, die sie oft im Leben *erfah-*

ren hat. Sie hat ihre Erfahrungen *gemacht.* Sie hat sich ein Erfahrungsschema *geschaffen.* Sie glaubt, nichts anderes erwarten zu können.

- Die Ratsuchende *überträgt.* Sie leistet *Widerstand.* Übertragung, Gegenübertragung und Widerstand spielen in der Seelsorge und Therapie eine große Rolle. Hier erhebt sich die Frage, die der Seelsorger beantworten muß: Was will die Ratsuchende mit ihrem Widerstand erreichen? Welche Ziele verfolgt sie? Will sie dem Seelsorger bescheinigen, daß auch er als Christ die Probleme einer Frau nicht ernst nimmt? Diese Ratsuchende gibt zu erkennen, daß sie gegen alle Männer ein Vorurteil hat und es gern sieht, wenn diese an ihr scheitern.

- Die Ratsuchende ist davon überzeugt, daß Frauen *benachteiligt* und Männer bevorzugt werden. Männer können sich leichter durchsetzen, Frauen können das nicht. Wo kann sie Alternativerfahrungen machen? Wird ihr diese Beratung zur Alternativerfahrung?

- Dieser Beratungsprozeß kam zu einem positiven Gesamtergebnis, weil die Frau lernte, ihre *negativen Reaktionen* ständig zu überprüfen. Sie lernte, ihre Befürchtungen in Frage zu stellen und positive Erwartungen systematisch einzutrainieren.

b) Die „Sterne" sehen – ein Fallbeispiel

Das Gebet ist eine Möglichkeit, negative Reaktionen, negative Augen umzupolen. Wie geht das vor sich? Ich fragte einen Ratsuchenden, der sich dem Pessimismus verschrieben hatte, aber als Christ von der Richtigkeit seiner zweckpessimistischen Einstellung überzeugt war, was er abends im Gebet vor Gott ausbreite. Er überlegte einen kurzen Augenblick und zählte viele Dinge auf, die ich der Reihe nach mitschrieb. Am Schluß der Aufzählung fragte ich ihn:

„Haben Sie mir Ihre Gebetsanliegen genannt?"

Er: „Ja, einiges habe ich bestimmt vergessen!"

Ich: „Fällt Ihnen selber etwas auf?"

Er: „Es ist ein Stümpergebet, ein zusammengestoppeltes Gebet. Ich weiß. Vielleicht gelingt es mir noch, eines Tages vollkommener zu beten."

Ich: „Fällt Ihnen sonst noch etwas auf?"

Er: „Es sind viele persönliche Probleme darin enthalten."

Ich: „Was wollen Sie damit sagen?"

Er: „Das ganze Gebet ist stark egoistisch. Und das finde ich ungeistlich."

Ich: „Darf ich Ihnen die Punkte, die Sie mir genannt haben, noch einmal vorlesen?"

Er ist einverstanden, und ich fasse alle Gebetsanliegen, die er aufgezählt hat, noch einmal zusammen.

Ich: „Darf ich Ihnen meinen Eindruck sagen?"

Er: (nickt)

Ich: „Ich habe 16 Gebetsanliegen aufgeschrieben, und mir fällt auf, daß sie 14 *negative* Aspekte beinhalten. Bewahrung vor Krankheit, Furcht vor einem neuen Krieg, Sorgen um die Zeugnisse der Kinder, Sorgen um bestimmte Moralauffassungen in der Gemeinde, Angst vor Komplikationen im Betrieb, Zweifel, ob Sie sich in einer bestimmten Sache richtig verhalten haben usw. Ihren Dank an Gott erledigen Sie mit einem einzigen, sehr allgemeinen Satz, der sich auf nichts Konkretes bezieht."

Was geschieht in dem Gespräch konkret?

– Der Ratsuchende empfindet selbst, daß der Dank mehr oder weniger eine christliche Pflichtübung darstellt, seine Sorgen, Ängste, Befürchtungen hingegen überwiegen seine Gebetsanliegen.

– Der Ratsuchende entdeckt, daß er ständig *untertreibt*, daß er sich in jeder Äußerung, selbst sein geistliches Leben, in Frage stellt. Zum Beispiel:

„Einiges habe ich bestimmt vergessen",

„es ist ein Stümpergebet, ein zusammengestoppeltes Gebet",

„das ganze Gebet ist stark egoistisch."

– Der Ratsuchende wird damit konfrontiert, daß sein geistliches Leben völlig unfroh verläuft, daß er klagt und kritisiert und scharf alle Probleme seiner Gemeinde, in der er ehrenamtlich mitarbeitet, unter die Lupe nimmt.

– Der Ratsuchende erlebt im Gespräch, daß er in der Gemeinde, in der Familie und in der Firma als übergenau, pedantisch, als Kritiker, Schwarzseher und Besserwisser erscheint, daß sein unfrohes geistliches Leben wenig Anziehungskraft besitzt und viel Widerstand und Abwehr hervorruft. Er leidet darunter, daß seine Kinder besonders konsequent gegen ihn zu Felde ziehen.

– Der Ratsuchende und ich gehen in einer Reihe von Gesprächen nur Beispiele aus dem Alltag durch, um die „Kraft des positiven Denkens" und Sehens zu trainieren. Was haben beschriebene Ereignisse für positive Seiten? Ist ein Vorfall in erster Linie negativ zu bewerten? Was will ich vielleicht mit der negativen Kritik bezwecken? Wie reagieren die nächsten Angehörigen und Mitarbeiter auf die kritischen Beurteilungen und negativen Befürchtungen? Welche Erfahrungen mache ich, wenn ich positiv reagiere?

– Der Ratsuchende bringt selbst den Vorschlag einer Alternativlösung zur Umstellung seines abendlichen Gebetes. Er sagt, daß er fünf Minuten vor dem Gebet die Frage meditieren wolle: „Wofür habe ich heute zu danken?" Das Training des „Sterne-Sehens" hat ihn – unter anderem – befähigt, das Verhältnis von positiven und negativen Gebetsanliegen zu vertauschen. Das Training hat das gesamte Familienklima verbessert. Er fühlt sich bestätigter und mehr geliebt als bisher.

c) Eine Zauberformel gegen die Angst

Dale Carnegie, dessen Bücher in der ganzen Welt Millionenauflagen erbrachten, beschreibt in einem eine „Zauberformel", um peinigende Angstsituationen zu überwinden. Sie umschreibt noch präziser, als es Paulus getan hat, den therapeutischen Effekt. Wenn also ein Problem auftaucht, das uns niederdrückt oder unlösbar erscheint, gehen wir folgendermaßen an die Sache heran:

„1. Fragt euch, ‚was ist das Ärgste, das möglicherweise geschehen kann'?

2. Seht zu, daß Ihr euch damit abfindet, wenn es sein muß.

3. Dann trachtet in aller Ruhe danach, dem Schwersten, wenn möglich, die Spitze abzubrechen."[5]

Worin liegt der Effekt?

– Die *Bejahung* des einmal Geschehenen bildet den ersten Schritt zur Überwindung der Folgen eines jeden Mißgeschikkes;

– zorniges Aufbegehren, sich nicht mit dem Zugestoßenen abfinden können, zerstört alle positiven Ansätze. Das Leben erscheint sinnlos und leer. Jeder Neuanfang wird durch Verzweiflung und Angst blockiert. Verbittert weigert sich der Mensch, aus den Trümmern zu retten, was zu retten ist. Das Nachdenken ist gelähmt. Der Stillstand verlängert die empfundene Ausweglosigkeit.

– Die *Bejahung* des Schlimmsten gibt stückweise inneren Frieden zurück und setzt Kräfte frei, Lösungsmöglichkeiten zu versuchen. Wer dem Schlimmsten gefaßt ins Auge sieht, kann nichts mehr verlieren. Er kann nur noch gewinnen, denn das Schlimmste verliert seinen Schrecken.

6. Trost im Leben und im Sterben

„Wer ist dein einziger Trost im Leben und im Sterben?" fragt der Heidelberger Katechismus zu Beginn. Bei dem Wort Trost leuchtet schnell das Stichwort „Vertröstung" auf, Vertröstung aufs Jenseits. Davon ist jedoch der Trost meilenweit entfernt. Trost meint, getröstet sein inmitten der tiefen Infragestellung meines Lebens infolge seiner Vergänglichkeit, seiner Vergeblichkeit und seiner Schuldhaftigkeit.

Helmut Gollwitzer schreibt:

„*Trost* heißt: Standhaftigkeit, Geduld, Gelassenheit, Hoffnung, langer Atem, nicht nachlassender Mut in Verhältnissen, die man nicht ändern kann. Im Vorausschauen auf die große

Veränderung jenseits der diesseitigen Verhältnisse, im Vorausschauen auf das ewige Geborgensein im Ja Gottes und das unveränderbare Diesseits ertragen."[6]

Die christliche Botschaft ist die Alternative zur Hoffnungslosigkeit und Sinnlosigkeit dieser Welt. Jesus Christus ist nicht *eine* Antwort, sondern *die* Antwort, nicht *ein* Angebot, sondern *das* Angebot, nicht *eine* Hilfe, sondern *die* Hilfe.

Die christliche Botschaft ist
- das Aus für alle Resignation,
- der Grund der Hoffnung,
- das Ende der Sinnlosigkeit,
- die Verwirklichung erfüllten Lebens,
- das Ende des undurchdringlichen Dunkels,
- der Anfang eines geisterfüllten Lebens der Menschen untereinander in Gemeinschaft mit Gott,
- eine machtvolle Demonstration, daß der Tod nicht das letzte Wort hat,
- Erlösung, und das heißt Freiheit und Befreiung,
- Trost anstelle von Vertröstung,
- Trost, und das heißt noch einmal: Standhaftigkeit, Geduld, Gelassenheit, Hoffnung, langer Atem und ein nicht nachlassender Mut.

XII. So, wie ich bin, bin ich gut genug

Selbstannahme als Schlüssel zum Gesundwerden

Ich möchte mit einem Gedanken abschließen, den ich im Rahmen dieses Themas für entscheidend halte, der geradezu ein Schlüssel sein kann zur Lösung vieler Probleme in unserem Leben! Ein Gedanke, der viele psychosomatischen Störungen, Probleme, Konflikte und Leiden verhindern kann, wenn wir ihn in unserem Leben zum Zuge kommen lassen.

Dieser Grundsatz lautet: So, wie ich bin, bin ich gut genug. Ich habe nicht gesagt: Bin ich *gut*, sondern gut *genug*. Ich halte diesen Satz für einen eminent christlichen Satz. Der amerikanische Arzt und Individualpsychologe Rudolf Dreikurs umschreibt die Bedeutung dieses Gedankens so:

„Jedes persönliche Versagen und destruktive Verhalten kann auf die *irrige* Meinung zurückgeführt werden, wir hätten keinen Wert innerhalb der Gemeinschaft."[1] Leider beruhen die traditionellen Erziehungsmaßnahmen, auch weitgehend im christlichen Raum, auf der Erkenntnis:

„So, wie der Mensch ist, ist er *nicht* gut genug." Wir gehen bewußt oder unbewußt von der Annahme aus, daß er *mehr* aus sich machen muß.

Er muß *mehr* leisten,
- *mehr* arbeiten,
- *mehr* erreichen,
- *mehr* Erfolg haben,
- liebenswürdiger, hilfsbereiter, moralischer, ausdauernder, mutiger und nicht zuletzt christlicher werden.

Diesem Komparativ „christlicher" hat der verstorbene Hamburger Bischof D. Witte energisch widersprochen:

„Ein Mensch, der immer christlicher werden will, wird immer ungeistlicher und pharisäerhafter. Christ sein heißt: Christi sein – nicht mehr und nicht weniger."

a) Wer kann sich nicht akzeptieren?

In einem Arbeitskreis für angehende Altenpfleger diskutierten wir einmal den Satz: „So, wie ich bin, bin ich gut genug. Von 20 Teilnehmern konnte keiner überzeugend von sich sagen: „So wie ich bin, bin ich gut genug. So wie ich bin, akzeptiere ich mich." Wir haben dann gemeinsam zusammengetragen, warum viele diesen Satz nicht sagen können, und was einen Menschen hindert, sich so zu bejahen, wie er ist.

Wer kann sich nicht akzeptieren, wie er ist:
- der nicht mit sich *zufrieden* ist, äußerlich und innerlich;
- der sich nicht *geliebt* weiß, sich nicht geliebt *fühlt* – völlig unabhängig davon, ob sein Gefühl richtig ist oder falsch;
- der nicht genug *Bestätigung* und *Anerkennung* bekommt;
- der *Komplexe* hat und Minderwertigkeitsgefühle;
- der sich *unterdrückt* fühlt;
- der sich niemand *anvertrauen* kann;
- der glaubt, immer *geben* zu müssen, damit er geliebt und ernst genommen wird;
- der sich *unmoralisch* und minderwertig fühlt;
- der glaubt, nicht *liebenswert* zu sein und der für einen Menschen des anderen Geschlechts keinerlei Anziehung besitzt;
- der ein *Angeber* ist und ständig sich auf der Welt beweisen muß, daß er wer ist und daß er etwas darstellt;
- der glaubt, er dürfe den Satz nicht sagen, um nicht vor anderen Menschen *überheblich* zu erscheinen;
- der glaubt, er könne die Hände in den Schoß legen, und alles sei gut, denn er sei ja *perfekt*;
- der *Angst* hat zu versagen;
- der um jeden Preis *beweisen* will, daß er nicht minderwertig und wertlos ist.

Gegen diesen Satz „So, wie ich bin, bin ich gut genug", laufen die meisten Menschen Sturm. Wir alle sind uns selbst gegenüber eingenommen. Was uns weitgehend kennzeichnet, ist unser *Mangel an Vertrauen* in unsere eigene Stärke, ist der Mangel an Vertrauen in unsere Fähigkeiten. Wer glaubt, er sei eine Niete, wird alles daransetzen, seinen Glauben zu bestätigen. Er wird unter allen Umständen erfolgreich darin sein, eine Niete zu verkörpern. Wir haben schon als Kinder gelernt, daß wir so, wie wir waren, nicht genügten, nicht gut genug waren. Nur wenn wir *bessere* Zeugnisse nach Hause brachten, wenn wir *bessere* Noten erreichten, *mehr* lernten, *mehr* leisteten, *mehr* Geschicklichkeit an den Tag legten und *mehr* arbeiteten, konnten wir unseren Wert beweisen. Unsere Erziehungsvorstellungen beruhen also auf der „Einsicht",

– daß Selbstbejahung den Fortschritt hindert und die menschliche Aktivität und Leistungsfähigkeit lähmt,
– daß Zweifel die Leistungsbereitschaft erhöht und den Arbeitsantrieb steigert,
– daß empfundene Unzulänglichkeiten unsere Lernbereitschaft aus dem Schlafe reißen und zu ungeahnter Tatkraft anstacheln.

Das Gegenteil ist der Fall. Diese These soll im folgenden ausgeführt werden.

b) Folgen von Unzufriedenheit

Warum kann ich bei diesen seelischen Gleichwertigkeitsstörungen *nicht* vorwärts schreiten?

Warum kann ich unter den genannten Voraussetzungen *keine* positiven Beiträge leisten?

1) Bin ich mit mir unzufrieden, drehe ich mich um mich selbst und bin so mit mir selbst beschäftigt, neige ich zur Aggression und ziehe mich unter Umständen in mich selbst zurück.

Rudolf Dreikurs schreibt:

„Unsere Nervenkliniken, Gefängnisse und Asyle sind die Verwahrungsorte derer, die jede Hoffnung verloren haben, daß irgend etwas, was sie tun, ihnen Status in der Gesellschaft geben kann."[2]

2) Fühle ich mich nicht genug geliebt, hasse ich wiederum die anderen und räche mich bewußt oder unbewußt an Mitmenschen. Ich bin dann außerstande, positive Beiträge in der Gemeinschaft zu leisten. Fühle ich mich selbst nicht liebenswert, bin ich unglücklich mit mir und hasse mich womöglich. Ich beneide die anderen.

3) Bin ich ein Angeber und Hochstapler, habe ich das Gefühl, daß ich mehr zeigen muß, als ich habe. Durch Übertreibung und Zurschaustellung will ich mein lädiertes Selbstbewußtsein aufbessern. Herz und Kreislauf werden überbeansprucht.

4) Fühle ich mich nicht genug bestätigt und anerkannt, kritisiere ich die anderen, um selbst im Wert zu steigen. Ich kann die anderen nicht gelten lassen und bin infolgedessen auch nicht kooperativ. Meine Empfindlichkeit ist groß, entsprechende psychosomatische Verspannungen sind die Folge.

5) Fühle ich mich minderwertig, kann ich zum übertriebenen Ehrgeiz und Geltungsstreben neigen. Oder ich werde lebensuntüchtig, traue mich an keine Aufgaben und Forderungen heran und werde zum Versager. Alle Formen der Depression sind dafür kennzeichnend.

6) Glaube ich, nur etwas wert zu sein, wenn ich *gebe*, wenn ich für andere da bin, wenn ich Leistungen vorweisen kann, stehe ich damit ständig unter Leistungsdruck. Ich stehe in der Gefahr, mich zu überfordern und werde mein eigener Sklaventreiber. Der Manager mit seiner besonderen psychosomatischen Problematik ist dafür ein Beispiel.

7) Glaube ich, moralisch minderwertig zu sein, halte ich mich für schlecht und böse, tendiere ich unbewußt zum Pharisäismus und zur Überheblichkeit. Meine Wertlosigkeit hindert mich, Aufgaben anzupacken. Ich stelle mich damit *über* Gott, der mich trotz meiner Sünden liebt; ich weise seine Liebe zurück, denn ich gehe mit meiner Schuld härter ins Gericht als Gott selbst.

8) Habe ich Angst, überheblich zu erscheinen, unterbinde ich mein Selbstwertgefühl, um bei anderen Menschen besser anzu-

kommen. Demütiges Verhalten, sich kleinmachen und zu untertreiben, verfolgt unbewußt das Ziel, negativer Kritik vorzubeugen, den anderen den Wind aus den Segeln zu nehmen und auf diese Weise Zuneigung und Anerkennung zu erbetteln.

9) Habe ich Angst zu versagen, bin ich ständig auf der Jagd nach Erfolg. Ich muß ja Erfolg vorweisen können, um nicht als Niete und als Versager zu gelten. Ich bin gar nicht in der Lage, mein Bestes zu tun und die Aufmerksamkeit auf die Sache zu richten, sondern ich bin bemüht, mein Ansehen zu verbessern, den Mißerfolg zu verhindern und verliere die Freude am Handeln und am Leben. Die Psychologie lehrt uns, daß wir niemals zwei Dinge gleichzeitig machen können.

10) Muß ich mir und anderen um jeden Preis *beweisen*, daß ich nicht wertlos bin, lebe ich im Zweifel meines Wertes. Hätte ich genügend Selbstwert, benötigte ich keinen Beweis. Jeder *Erfolg* ist dann nur ein Sekunden-Erfolg, denn Augenblicke später muß ich ja schon wieder auf dem Plan sein, meinen Wert zu beweisen. Die ständige *Bewährungsprobe* torpediert die Freude an der Arbeit. Die Flucht in die Krankheit, Faulheit und Resignation bieten sich als Ausdrucksformen geradezu an.

11) Kann ich mich nicht selbst akzeptieren, und empfinde ich meine Unzulänglichkeiten als Last, *belaste* ich meine Organe. Ich „produziere" Krankheiten, Leiden und Depressionen. Unzufriedenheit belastet Herz und Kreislauf und bringt das vegetative Nervensystem aus dem Gleichgewicht.

12) Kann ich mich nicht annehmen, wie ich bin, leide ich unter großer Angst. Angst ist der Hauptfaktor aller neurotischen Störungen und Konflikte. Angst vor Katastrophen führt oft wirklich zu einem Mißgeschick. Und die Angst vor der Angst fixiert die neurotischen Symptome. Angst fördert unter anderem die Koagulation, die Gerinnung des Blutes. Angst verursacht eine Verhärtung und Verengung der Arterien und beeinflußt das Blut, daß es stärker zur Verdickung neigt. Seelische Bedrängnis und Unzufriedenheit mit sich selbst fördern die Bildung von Klümpchen im Blut und erhöhen die Pfropfenbildung.

c) Selbstkritik und mangelnde Selbstannahme

Selbstkritik beinhaltet mehrere Aspekte, positive und negative. *Wahre* Selbstkritik bewahrt uns vor falscher Selbsteinschätzung und vor Verblendung. Sie hilft uns, unsere individuellen Vorurteile zu verkleinern. Wahre Selbstkritik macht uns *sachlicher*, wie Fritz Künkel gesagt hat, und weniger *ichhaft.*

Dann gibt es die Selbstkritik, die der Humorist Wilhelm Busch gezielt in einem Gedicht aufs Korn genommen hat:

Die Selbstkritik hat viel für sich.
Gesetzt den Fall,
ich tadele mich,
so hab' ich erstens den Gewinn,
daß ich so hübsch bescheiden bin;
zum zweiten denken sich die Leut,
der Mann ist lauter Redlichkeit;
auch schnapp' ich drittens diesen Bissen
vorweg den anderen Kritiküssen;
und viertens hoff' ich außerdem
auf Widerspruch, der mir genehm.
So kommt es dann zuletzt heraus,
daß ich ein ganz famoses Haus.

Diese Form von Selbstkritik ist ein Mittel zum Zweck. Es ist ein Buhlen um die Gunst der anderen. Wir benutzen ein Werkzeug, um ganz groß rauszukommen. Aus vorgetäuschten, bescheidenem Verhalten will der Mensch Kapital schlagen. Der Mensch benutzt die Selbstkritik, um sich klein zu machen, um die mögliche Kritik anderer zu unterlaufen. Diese Selbstkritik demonstriert Empfindlichkeit und Verletzlichkeit. Der Mensch ist leicht kränkbar und schnell beleidigt. Indem er sich heuchlerisch herunterbeugt und seine Leistungen verkleinert, erhofft er Nachsicht und Rücksicht, weil er Kritik nicht ertragen kann. Sein Selbstwertgefühl ist gestört, seine Selbstannahme angeknackst.

Oder wir kennen die Selbstkritik vieler Zeitgenossen, und

Mitchristen, die sich in Bausch und Bogen verurteilen, die kein gutes Haar an sich lassen und sich selbst durch eine dunkel getönte Brille sehen.

Was ist die Folge dieser Selbstverurteilung?

- Der Mensch verbringt seine Zeit nur damit, das Negative, Destruktive und Unvollkommene unter ein Vergrößerungsglas zu legen. Er schlägt die Zeit tot mit Selbstmitleid.

- Der Mensch, der sich selbst verachtet, macht sich und anderen Menschen das Leben schwer. Er fällt sich und anderen auf die Nerven.

- Der Mensch verachtet sich selbst und wird so zu Hingabe und Nächstenliebe unfähig. Wer sich verachtet, untergräbt den Mut, positive Beiträge zu leisten.

- Der Mensch, der sich selbst verachtet, steht in der Gefahr, auch Gott zu verachten, der ihn ja in diese „teuflische Selbsteinschätzung" hat geraten lassen.

- Der Mensch, der sich selbst verachtet, kann keinen Menschen aufrichten und bietet für andere kaum eine Stütze und kaum einen Halt.

d) Wir akzeptieren uns, wie wir sind

Wer sich in Familie, Schule, Gruppe, Kirche und Gesellschaft nicht gleichwertig fühlt, schreibt mit Riesenlettern über sein Leben:

„Nur wer ständig gegen seine Unzulänglichkeit zu Felde zieht, wird einen Platz in der menschlichen Gesellschaft erhalten." Sein Leben ist dann ein einziger Kampf mit sich selbst. Sein Wert hat keinen Boden unter den Füßen. Jeder Schritt ins Leben, ins Büro, in die Schule und in die kirchliche Gruppe ist mit Ängsten angefüllt: „Werden nicht neue Mängel ins Licht kommen?"

- Niemals können wir uns wirklich freuen, denn unser gegenwärtiger Wert kann schon morgen in Frage gestellt werden;

- niemals können wir uns *sicher fühlen*, denn jede neue Prüfung, jede neue Bewährung könnte neue Mängel ans Licht bringen;

- niemals können wir *innerlich ausgeglichen* sein, wenn wir nicht endlich den Konkurrenzkampf mit anderen aufgeben;
- niemals können wir *Frieden* mit uns schließen, wenn wir nicht den Mut zur Unvollkommenheit aufbringen.

Der Mut zur Lücke und der Mut zur Unvollkommenheit geben uns Gelassenheit. Und nur wenn wir innerlich zufrieden, gelassen, ruhig, sicher und damit froh sind, können wir etwas leisten. Es ist *falsch* zu sagen, daß sich der Mensch erst bessern muß, damit er respektiert werden kann. *Richtig* ist, je mehr er sich selbst achtet und daraufhin auch von anderen geachtet wird, desto besser kann er positive Beiträge leisten und zum Wohl der anderen beitragen.

Der ehemalige Präsident des Diakonischen Werkes in Deutschland, Theodor Schober, schrieb zum Thema Selbstannahme: „Wenn wir in Gottes Zeit und Schule stehen, sind wir von dem Zwang erlöst, immer an uns selbst herumzukritteln, uns dauernd selber zu verachten und zu kasteien. Wir könnten es dem großen Meister getrost und gelassen zutrauen, daß er nicht ausgerechnet mit uns seine größten Fehler gemacht hat. Je mehr wir lernen, von uns selber wegzusehen, desto eher werden wir den ‚aufrechten Gang‘ lernen, so daß womöglich andere sich an uns aufrichten können.“[3]

e) Nehmt einander an, wie Christus euch angenommen hat

Sich selbst annehmen und einander annehmen – das ist nicht an Bedingungen geknüpft. Daß Christus uns angenommen hat, ist Voraussetzung genug. Er hat nicht gesagt:

„Ihr müßt erst besser werden“,

„ihr müßt erst vollkommener werden“,

„ihr müßt erst moralischer werden“,

„ihr müßt erst in der Nächstenliebe aktiver werden“,

„ihr müßt erst christlicher werden,

dann kann ich euch annehmen.“

Er hat uns angenommen – wie wir sind. Wenn wir uns auf diese Tatsache hin auch annehmen, wie wir sind, und sagen können: „So, wie ich bin, bin ich gut genug“,

- werden wir vorwärtsschreiten,
- werden wir *nicht faul* die Hände in den Schoß legen, wie viele vermuten,
- werden wir lieben, weil ER uns zuerst geliebt hat,
- werden wir unser vegetatives Nervensystem ins Gleichgewicht bringen, und uns damit vor psychovegetativen Störungen – wie der Fachmann sie bezeichnet – besser bewahren,
- werden wir zufrieden sein, weil Er unser Frieden ist.

Solange wir Gedanken und Vorstellungen daran verschwenden, was alles „hätte sein können", welche Chancen wir verpaßt, welche Laufbahn wir versäumt, welche Bildung wir vermißt haben, welche Gesundheit mir nicht zuteil wurde und welche Träume unerfüllt bleiben, so lange füttern wir unsere Unzufriedenheit, schauen auf Dornen und Disteln, statt auf Blüten, und quälen uns selbst und unsere Mitmenschen.

f) Selbstannahme oder Gebet „An unerträglichen Tagen"
Lucien Jerphagnon hat ein Gebet formuliert, das eindrücklich Zeugnis für die Selbstannahme ablegt:

„Als ich ein Kind war, Herr, wußte ich das nicht,
ich wußte nicht, daß man so müde,
so müde seiner selbst sein kann,
und sich dann sagt,
daß man sein Leben verfehlt hat.
Ich habe viele Versuchungen gekannt.
Diese ist wohl die schwerste.
Man möchte eine bessere Gesundheit,
einen glänzenden Verstand,
einen nicht so armseligen Leib,
eine höhere Bildung.
Eine andere Stellung und den großen Kredit,
den gewisse Leute haben . . .
Man entdeckt bei den anderen hundert Chancen,
die einem selbst zugestanden wären,
und hundert Gelegenheiten,
die man selbst niemals gehabt hat . . .

Man weiß, daß es höchste Zeit ist,
zu leben,
und zu spät, um zu träumen.
Man weiß, daß das Unmögliche niemals eintreten wird.
Das zu wissen, ist schon Erleuchtung.
Und sie fällt gerade von dort her in mich ein,
von wo ich nichts erwarte.
Die Träume sind aus.
Es bleibt mir mein Leben – das wahre, das ich lieben muß.
Mein Leben, wie es nun einmal ist,
und meine arme Gesundheit und meine ruhmlose Laufbahn.
Dieses, Herr, möchte ich jetzt annehmen.
Auch mich selbst, so arm wie ich bin.
Ich will mich nicht mehr mit dem quälen,
was ‚hätte sein können‘
und mein Glück darin finden, zu tun, was ich kann."[4]

Unser Krank-Sein wahrnehmen, Zusammenhänge begreifen, uns selbst annehmen und in Gottes Namen Schritte zur Veränderung wagen – so ist Gesundwerden möglich.

Literaturhinweise

II. Seele meint den ganzen Menschen
1 Frederic Vester, Phänomen Streß, Deutsche Verlags-Anstalt, Stuttgart 1976, S. 32 ff.
2 Elisabeth Lukas, Psychologische Seelsorge, Herder Verlag, Freiburg 1985, S. 168

III. Krankheiten haben *und krank* sein
1 Jörg Müller, Und heilt alle deine Gebrechen, J. F. Steinkopf Verlag, Stuttgart 1989, S. 39 f.
2 Jörg Müller, a. a. O., S. 43
3 Adolf Köberle, Heilung und Hilfe, Brendow Verlag, Moers 1985, S. 128

IV. Die leib-seelischen Zusammenhänge von Leiden, Krankheit und Tod
1 Heinrich Giesen, Wenn man dich fragt nach Glauben und Leben, Gerd Mohn Verlagshaus, Gütersloh 1963, S. 69
2 Alfred Adler, Praxis und Theorie der Individualpsychologie, J. F. Bergmann, München 1927[3], S. 177 f.
3 Alexander Mitscherlich, Krankheit als Konflikt, Suhrkamp Verlag, Frankfurt 1967[2], S. 13
4 Heinz Ansbacher (Hrsg.) Rowena, Alfred Adlers Individualpsychologie, Ernst Reinhardt Verlag, München/Basel 1972, S. 218
5 Alfred Adler, Der Sinn des Lebens, Fischer Taschenbuch, Frankfurt 1973, S. 104 f.
6 Horst-Eberhard Richter, Patient Familie, rororo Verlag, Hamburg 1972[2], S. 21 f.

7 Marguerite und Willard Beecher, Besser leben ohne Eifersucht und Neid, König Verlag, München 1973, S. 12
8 Victor Louis, Einführung in die Individualpsychologie, Paul Haupt Verlag, Bern/Stuttgart 1969, S. 55
9 Hoimar von Ditfurth in: „Hör Zu", 43/1974

V. Der Glaube und das Immunsystem
1 Maria E. Lange-Ernst, Unser Immunsystem, Goldmann Verlag, München 1990, S. 33 f.
2 Aus: Psychologie heute, 10/1987, S. 16
3 Dietrich Bonhoeffer, Widerstand und Ergebung, Siebenstern Taschenbuch, München/Hamburg 1964, S. 23
4 John Poppy, Esquire, 5/1989
5 James W. Pennebaker und Joan R. Susman in: Social Science + Medicine (Bd. 26, Nr. 3)
6 Norman Cousins, Der Arzt in uns selbst, Rowohlt Verlag, Hamburg 1981, S. 37 f.
7 Elisabeth Lukas, a. a. O., S. 117

VI. Schmerzen haben einen Sinn
1 Norman Cousins, a. a. O., S. 53 f.
2 Jörg Müller, a. a. O., S. 39 f.
3 Arthur Ernest Wilder-Smith, Der Mensch im Streß, Hänssler Verlag, Stuttgart-Neuhausen 1975, S. 47 ff.
4 Michael Nüchtern, Die Lebenskrise Krankheit im Spiegel biblischer Erfahrungen, Christliche Verlagsanstalt Konstanz 1989, S. 31

VII. Die Persönlichkeit des Asthmatikers
1 Werner Zenker, Mein Kind hat Asthma, Econ Ratgeber, Düsseldorf 1984, S. 34
2 Larry Dossey, Wahre Gesundheit finden. Knaur Verlag, München 1991, S. 210
3 H. Mosak in: Technics for Behavior Change, von Arthur G. Nickelly, Springfield 1971, übersetzt von Regula Jensen

VIII. Die Persönlichkeit des Herzinfarktgefährdeten

1 Hrsg. Bundesminister für Jugend, Familie und Gesundheit, 15 Sekunden zum Nachdenken

2 L. Kruitoff, Herzinfarkt – verhüten und überwinden, Humboldt-Taschenbuch, München 1975, S. 29

3 L. Kruitoff, a. a. O., S. 33

4 Hans Hoff/Erwin Ringel, Aktuelle Probleme der psychosomatischen Medizin, Jolis Verlag, München 1964, S. 15

5 Hans Hoff/Erwin Ringel, a. a. O., S. 69

6 Hans Hoff/Erwin Ringel, a. a. O., S. 152

7 Heinz Ansbacher/Rowena R. Ansbacher, a. a. O., S. 288

IX. Die Persönlichkeit des Magenkranken

1 Eric Berne, Spiele der Erwachsenen, rororo Hamburg 1970, S. 137

2 Eric Berne, a. a. O., S. 137 f.

3 Frederic Vester, a. a. O., 92 ff.

4 Bertha Sommer, Das vegetative Nervensystem und die innersekretorischen Drüsen, Berlin o. J., S. 2 f.

XI. Krankheit als Chance

1 McMillen, Vermeidbare Krankheiten, Aussaat Verlag, Wuppertal, 1970[3], S. 150

2 Elisabeth Kübler-Ross, Interviews mit Sterbenden, Gerd Mohn Verlag, Gütersloh 1974[2], S. 7

3 Theodor Glaser, Und ihr habt mich besucht, Claudius Verlag, München 1973, S. 33

4 McMillen, a. a. O., S. 108

5 Dale Carnegie, Sorge dich nicht, lebe!, Scherz Verlag Bern/ München 1972[23], S. 34

6 Helmut Gollwitzer, Ich frage nach dem Sinn des Lebens, Kreuz Verlag, München 1974, S. 43

XII. So, wie ich bin, bin ich gut genug

1 Rudolf Dreikurs, Soziale Gleichwertigkeit, Klett Verlag, Stuttgart 1972, S. 216
2 Rudolf Dreikurs, a. a. O., S. 93
3 Theodor Schober, Zeitgemäße Anstöße zum Zeit-Haben, Referat anläßlich der Jahrestagung der Olga-Schwestern am 31. 10. 1973
4 Lucien Jerphagnon, An unerträglichen Tagen, Styra Verlag, Graz/Wien/Köln

Stichwortverzeichnis